Panteón Biográfico-moderno De Los Ilustres Azaras De Barbuñales En El Antiguo Reino De Aragón, Hasta El Actual Marqués De Nibbiano El Señor Don Agustín De Azara Y Perera: Precedido De Una Corta Noticia Histórica Sobre El Origen, Antigüedad,...

Basilio Sebastián Castellanos y Losada

PANTEON

BIOGRÁFICO

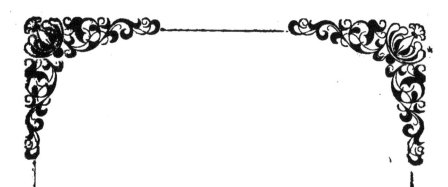

DE LOS ILUSTRES AZARAS.

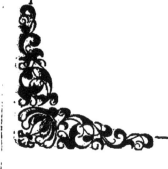

PANTEON

BIOGRÁFICO-MODERNO

DE

LOS ILUSTRES AZARAS DE BARBUÑALES

EN EL ANTIGUO REINO DE ARAGON,

hasta el actual marqués de Nibbiano

el señor don Agustin de Azara y Perera.

Precedido de una corta noticia histórica sobre el orígen, antiguedad, prosperidad y grandeza dc esta novilísima familia.

POR

DON BASILIO SEBASTIAN CASTELLANOS DE LOSADA,

Caballero de las órdenes de Isabel la Católica y de san Genaro, etc. Bibliotecario-anticuario de la Biblioteca Nacional de Madrid, etc. Fundador y Director de la Academia española de Arqueologia, individuo de muchas academias y sociedades literarias, científicas y artísticas nacionales y estrangeras, y autor de varias obras científicas y literarias.

MADRID: 1848.

Imprenta de la Viuda de Sanchiz é hijos, Huertas, 16-18.

DON BASILIO SEBASTIAN CASTELLANOS DE LOSADA.

AL SR. D. AGUSTIN DE AZARA

MATA PERERA Y RIVAS, MARQUES DE NIBBIANO, SEÑOR DE GENEBRETO, STADERA, FARSARA, SALA, ALBARETO Y PINELO ULTERIOR, EN EL DUCADO DE PLASENCIA; Y DE LIZANA Y GUADARESPE EN ARAGON: CIUDADANO Y VECINO DE LA CIUDAD DE FRAGA; CABALLERO DE LA REAL Y DISTINGUIDA ORDEN ESPAÑOLA DE CARLOS III: VICE-DIRECTOR DE LA REAL SOCIEDAD ARAGONESA DE AMIGOS DEL PAIS, E INDIVIDUO DE LA DE HUESCA: ACADEMICO DE HONOR DE LA ESPAÑOLA DE ARQUEOLOGIA Y VICE-PRESIDENTE DE SU DIPUTACION EN ZARAGOZA: VICE-PRESIDENTE DE LA REAL ACADEMIA DE NOBLES ARTES DE SAN LUIS DE ZARAGOZA, ETC. ETC.

Encargado por V. S. de la honrosa comision de dirigir la publicacion de las obras que dejaron inéditas sus ilustres tios los señores don Jose Nicolas de Azara y don Felix de Azara su hermano, y de escribir la historia civil y política del primero, he tenido por necesidad que ver uno por uno todos los escritos y documentos del interesante archivo de su noble y antigua casa' archivo ya muy recomendable en el dia por hallrase enriquecido con porcion de documentos fidedignos y originales de sumo interés para nuestra historia nacional y multitud de cartas autógrafas de los principales soberanos y papas, grandes hombres públicos y distinguidos literatos y artistas y notabilidades que han figurado en el siglo XVIII y principios del corriente.

Al hallarme ocupado en tan honrosa tarea, me ocurrió la idea de escribirlas biografias de todas las personas que mas se habian distinguido en su ilustre familia por su saber y virtud en los tiempos mas próximos á nosotros y recogí al efecto cuantas noticias pude haber á la mano ya en el espresado archivo, ya tambien en las enciclopedias, biografias, historias, bibliografias y otros libros y papeles publicados ó inéditos en que se cita con elogio á algunos de ellos.

Mi intencion fué solo la de publicar las biografias de los que mas se distinguieron.

en los periódicos literarios y diccionarios biográficos ó enciclopédicos que me prestase sus columnas al efecto, pero V. S. que dando un ejemplo de moralidad y de gratitud poco comun y de singular y sumamente rara generosidad, no perdona medio ni sacrificio alguno á fin de ensalzar el glorioso nombre de sus ilustres antepasados, me invitó á reunir todas las espresadas biografias en un volúmen cuya impresion se ofreció costear con la liberalidad propia de su caracter y el decoro correspondiente al buen nombre de los Azaras.

Correspondiendo con gusto como no podia menos á su invitacion, he reunido las biografias tal y como las escribí con aquella idea, es decir, con independencia unas de otras formando cuadros completos y sin omitir algunas repeticiones para mayor claridad del que leyere, y formado el presente volúmen con mas voluntad y deseo del acierto que suficiencia para conseguirlo, pudiendo no obstante afirmar, que si bien carecerá de las galas de diccion y de las demas cualidades literarias que merecia una obra destinada á presentar en un grandioso cuadro con vivos colores y diestro pincel las gigantescas figuras de sus ilustres parientes, sus virtudes, loables prendas y servicios hechos, cosa que no ha sido dable á mi limitado talento, se hallarán al menos bosquejados con la verdad de los hechos, con la esactitud que requiere la historia en ellos y en las fechas, per haberme sujetado á documentos originales y de irrefragable autenticidad.

A fin de venir á parar á las piezas mas heróicas de su ilustre blason que son en mi opinion sus mas próximos antecesores por sus hechos y virtudes, he encabezado la obra con una sucinta noticia de su noble y antigua familia desde la mas remota antiguedad, en la que siento no haberme podido estender mas desde su origen por la falta de documentos al efecto, á causa de la quema de los archivos de la casa y del pueblo de Barbuñales en las varias épocas y trastornos políticos porque en varias épocas ha pasado la península; pero no por eso deja de establecerse la antiguedad de su nobleza é ilustre prosapia en documentos ciertos que no pueden tener justa contradicion.

La noticia de Barbuñales, de ese pueblecillo de Aragon, hoy notable por haber producido todos los hombres célebres de su familia, me ha parecido casi indispensable por la misma razon, y he aquí el motivo porque le describo y doy á conocer.

Versando esta obra únicamente sobre su familia, he creido deberla concluir con la biografía de V. S. á pesar de su repugnancia á que así lo hiciese, porque justo es que ocupe V. S. un lugar distinguido entre sus ilustres ascendientes para que vea la prosperidad que supo, no solo mantener puro é ileso su nombre glorioso y su grandeza, sino que le aumentó y aseguró con sus virtudes y patriotismo, y que le legará á sus descendientes doblemente enriquecido y magnífico, habiendo sido al mismo tiempo su generoso historiador, el que le ha dado á conocer á todo el mundo y el que ha sabido consignarle para que le recuerden mas fácilmente en todas sus partes las venideras generaciones y le imiten en ello y en su virtud los que le sucedan en su ilustre apellido y estados. ¡Quiera el cielo que siempre próspera y virtuosa la familia de los Azaras aumente los gloriosos laureles que la tienen ganada sus ascendientes, y que jamás se manchen las tersas y limpias páginas de oro en que está escrita su ilustre historia!

Terminada mi obra réstame suplicar á V. S. como el Mecenas mas á propósito á quien puedo dedicarla, se digne admitirla como una ligera prueba del sincero afecto que le profeso, de la verdadera amistad con que me honro, y del amor que tengo y tendré siempre á su respetable familia.

Madrid 1.º de enero de 1848.

Basilio Sebastian Castellanos de Losada.

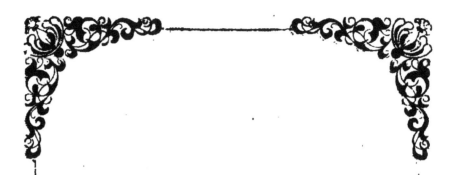

NOTICIA HISTÓRICA

DE LA

NOVILÍSIMA CASA DE AZARA

en el reino antiguo de Aragon,

y descripcion de sus blasones; y de los de los Pereras, Matas y Rivas enlazados con aquella ilustre familia.

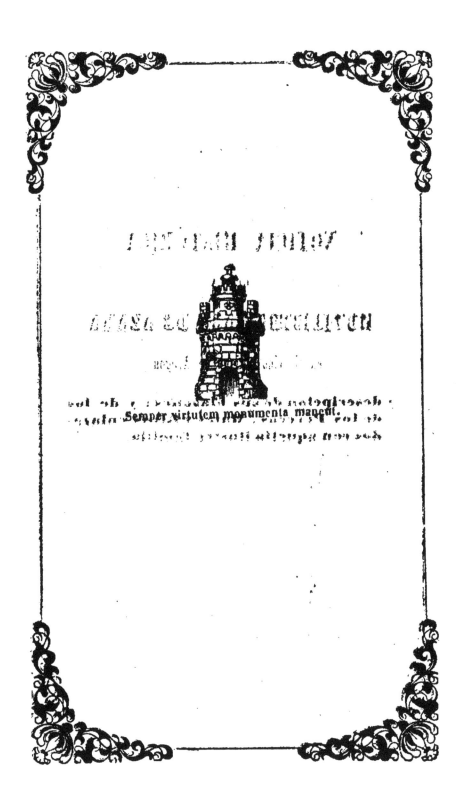

Semper virtutem monumenta manent.

Genus antiquum.

Potens in terra semen ejus.
(Psalmo. 92.)

A egeeutoria de nobleza de nuestra antigua familia en el proemio del apellido Castellanos, sienta por principio heráldico lo siguiente: «Los recuerdos históricos que impresionan vivamente la memoria, han de ser para unir la virtud á la sangre sin que esto sirva á la vanidad, soberbia ni ostentacion, y sí solo á la imitacion y al ejemplo como le daban las estátuas puestas en los atrios, las imàgenes colocadas en los camarines, los símbolos esculpidos en los anillos, las divisas pintadas en los escudos, las armas bordadas en los reposteros y las insignias grabadas en los sellos. Todas estas cosas son como despertadores de aquel principio de estímulo para conservar en aquella claridad primera que siendo los hombres en el orígen iguales, los comenzó á distinguir de los demas que degenerando de su primer esplendor y virtud, pasaba el noble á plebeyo, el caballero á villano y el hidalgo á miserable ser, porque la nobleza es un cuchillo que ha hecho de finísimo temple el uso frecuente, y sino se ejercita pierde los filos y se embota.» Bien en la memoria ha tenido y tiene el novilísimo linage de Azara para la imitacion de los dones que le concedió por alta providencia el cielo, pues que no solo ha sabido conservarlos en su entero lustre, si que han ido aumentando sus individuos el honor que les legaran en herencia sus ilustres progenitores.

El orígen de la novilísima casa de Azara se pierde por su antiguedad en la oscura noche de los tiempos, como la mayor parte de los antiguos linages españoles.

El genealogista y rey de armas DON JOAQUIN MARIN, remonta el origen de los Azaras hasta los escelsos reyes de Troya, fundándose en que siendo sabido que fueron troyanos los primeros pobladores de España, segun muchos historiadores que hacen mencion de la venida á la Península de Tubal, nieto del patriarca Noé, hubo un AZARACO hijo del rey Troe de quien descendió el piadoso rey Eneas que pudo muy bien dar principio á esta familia en su antigua descendencia. Si atendemos á que se asegura por los genealogistas que la familia *Trelles* de Asturias proviene de Troilo, hijo del famoso Priamo rey de Troya, nada tendrá de estraño suponer el mismo origen á la de Azara. Empero dejando á los genealogistas el si fué este el origen ó si viene de los de la rama de Azaro de Inglaterra que se vinieron á España, descenderemos á épocas mas cercanas manifestando que saliendo los Azaras del respetable tronco de los nobles Azagras de Navarra y de Aragon ó estos de aquellos, le hallamos ya distinguido é ilustre en el siglo XII en la magnífica familia del denodado caballero don Pedro Ruiz de Azagra, señor de Albarracin, que vivia por los años de 1171, y que segun nuestra historia nacional fué sugeto de gran poder y nobleza.

El espresado señor de Albarracin habia tomado el apellido de Azagra por su señora madre doña Juana de Azagra natural de Estella que le habia sostenido como heredera de su casa solar de noble alcurnia. El hermano de esta señora don Pedro que se avecindó en Barbastro, varió el apellido por no confundirle con el de su cuñado cuando hizo uso de él, siendo ambos de igual nombre, puestoque en documentos de cesion de unas tieras á su espresada hermana hallamos en el genealogista Salazar firmarse ya Pedro de Azara y no de Azagra como le correspondia por su nacimiento, y así siguieron llamándose sus hijos, y hé aquí tal vez el principio de la corrupcion moderna de aquel apellido que dió nacimiento á otro que siendo el mismo parece de distinta familia como en efecto llegó á serlo con el tiempo en que las distinguidas ramas de la familia Azagra tomaron ya uno ya otro variando hasta los blasones como hoy se vé hasta en los mismos que conservaron, la g segun esplica el espresado Marin.

La corrupcion de los antiguos apellidos es cosa muy comun en nuestra España, porque lo trae consigo la diversidad de nuestros dialectos y continua variacion de la lengua, que se compone de voces de todas las naciones estrangeras que han batallado en la Península, y en particular de la latina y del árabe que han sido las mas generalmente usadas por el mayor tiempo que romanos y árabes dominaron la España, que formó de ellas su lengua vulgar. Esta es una de las razones, sino la mas poderosa, de que veamos familias del mismo orígen variar, en alguna acepcion, en apellidos si bien como entre el de Azagra y Azara es solo una letra de mas ó de menos la que pretende marcar la diferencia, como de Avilas-Dávilas, Azas-Dazas, Fernandez-Hernandez etc.

Aun es menos raro el ver no solo en nuestra España sino en otros paises, que ya por capricho, ya para establecer una notable distincion entre gentes de una misma familia, se haya interpuesto ó quitado en los apellidos nobles una letra ó una sílaba. No pocas veces habrá acontecido tambien que por ignorancia de escritores imperitos se haya puesto de mas ó de menos una letra en un apellido al firmar un documento importante ó pronunciado mal por el que le llevase y dictase, pasando asi el error de padres á hijos hasta confirmarse y hacerse ley en la familia, máxime en tiempos en que apenas sabian escribir los nobles y en los que no se habló con la mayor pureza. A pesar de nuestra cultura actual vemos á cada paso gentes, hasta de elevada clase, inciviles que apenas saben pronunciar bien su apellido, lo que es muy general en el pueblo sin instruccion de algunas de nuestras provincias, en las que hay muchas personas que les adulteran en sus labios; y siendo esto indudable, ¿cuántos de los que asi pronuncian mal su apellido avecindados en diferente punto del en que han nacido, no dejarán á su posteridad aumentado, disminuido ó adu'terado su propio nombre de linage? Véanse en una misma familia las partidas sentadas en los registros públicos y libros parroquiales, y estamos seguros de que pocas de larga ascendencia y acaso ninguna, hallará su nombre de familia puro y sin variante alguna desde su origen.

Siendo las familias Azara y Azagra una misma en su origen, aunque por la corrupcion del lenguage primero y despues, como hemos dicho antes, por capricho de don Pedro Azagra hermano de la referida doña Juana de Azagra, madre del citado señor de Albarracin, se haya variado el apellido en diferencia de una letra y hasta los blasones del escudo de armas primitivo, haremos una sucinta historia de lo que consta de tan novilísima familia, desde los tiempos de la edad media en que la hallamos ya campeando entre las casas ilustres de Navarra y de Aragon. Empero como nuestro objeto principal sea el acreditar la ascendencia moderna de la acutual casa de Azara, no nos meteremos á designar mas que aquello que cumpla á nuestro propósito, dejando la parte que pertenece á la rama de los Azagras, porque no interesa á nuestro relato ni su historia moderna ni sus peculiares blasones, y la parte antigua de la casa y origen de los Azaras, y de si este fué el verdadero apellido de esta descendencia desde *Azaraco* el troyano, siendo uno el origen de los Azas, Azaras, Azuaras, Azagras, Aras, Zaras, Azarja, Azarjas, Asas y otros casi iguales, le abandonamos al dominio del espresado rey de armas Marin, al que podrá consultar el curioso en su egecutoria de la casa de Azara.

Desde el siglo XI es ya conocida en nuestra historia nacional el linage de Azagra ó de Azara como uno de los mas condecorados é ilustres del antiguo reino de Aragon, y asi es que ya en el siguiente se vé citado con elogio por los historiadores de este reino los célebres Gerónimo de Zurita en sus anales, el jesuita Pedro Abarca, Gerónimo de Argensola, Lanuza, Dormer, Zayas y otros. El ilustrado historiador de España y jesuita P. Mariana, empieza ya á dar á conocer á esta familia en el capítulo 12, libro 10 de su historia general, mencionando en ella á Rodrigo Azagra, señor de Estella.

Dicen los historiadores citados y con ellos los demas escritores que les han seguido, que don Pedro Ruiz de Azagra, hijo del citado don Rodrigo, al que sucedió en el señorio de Estella, por cierto ausilio que dió á don Lope, rey de Murcia, le obligó de tal suerte que alcanzó de él, le hiciese señor de Albarracin, ciudad puesta en un áspero monte y de mucha fragosidad en las fuentes del rio Tajo. Que Cerebruno, prelado de Toledo, puso en aquella ciudad en 1171 por obispo á un tal don Martin, quien sostuvo está iglesia llamada Arcabicense, como sufraganea de Toledo.

Pretendiendo el rey de Aragon pertenecerle por derecho de conquista la ciudad de Albarracin, don Pedro, teniéndose por libre, se negó á prestarle homenage, é igual negativa hizo al rey de Castilla. Semejante entereza fué causa de que se coaligasen contra Azagra ambos soberanos, los cuales no llevaron á cabo su hostil empeño por haberse desunido antes de emprender la guerra, en cuyo caso ninguno por sí solo se atrevió á ejecutarlo, temerosos de las respetables fuerzas y ventajosas posiciones que habia tomado Azagra para rechazarles, ó defenderse al menos con tenacidad. Este testo de la historia prueba evidentemente lo poderoso que debió ser en aquellos tiempos el señor de Albarracin, de la ilustre ascendencia de nuestros Azaras.

No debieron ser menos poderosos sus descendientes, puesto que en el libro 12, capítulo 5 de la misma historia hallamos: que á consecuencia de haber fallecido en Roma doña Maria, madre del rey don Jaime, la cual fué sepultada dignamente en el Vaticano, cerca del sepulcro de santa Petronila, y cuya señora dejó encomendado al pontífice á su hijo y reino de Aragon para que los protegiese y amparase; se escapó de Monzon, en donde estaba como preso con el niño rey don Jaime su primo, bajo la vigilancia de don Guillen Monredon, maestre de los Templarios, don Ramon conde de la Provenza. Temiendo el espresado gran maestre que se le huyese el rey como su primo, para determinar lo que debia de hacerse, se comunicó con don Pedro de Azagra señor de Albarracin y con don Pedro Ahones, ambos personages de gran poder y nobleza, y acordando con ellos llamar á Monzon á don Aspargo, obispo de Tarragona, y á don Guillen, que lo era de Tarazona; resolvieron poner al rey en libertad y entregarle el gobierno del reino á pesar de que no pasaba de 9 años, jurando entre sí llevar adelante un acuerdo, al que se opuso infructuosamente don Sancho tio del rey que tenia á la sazon el gobierno del reino.

Vuelve á confirmarse el poder de los Azagras en el capítulo 9 del mismo libro, en el que hallamos que perdonado el infante don Sancho por su sobrino el rey don Jaime. le volvió este á su gracia, y que cuando apenas este soberano contaba once años, en cuya edad era ya aficionadisimo á las cosas de guerra, sucedió qne el poderoso DON RODRIGO DE LIZAÑA, en pugna con su deudo don Lope Albero, se llevó á este prisionero al castillo de Lizana. Que sabedor el rey de este desman mandó al señor de Lizana pusiese en libertad á Albero; pero que como fuese desobedecido se encaminó al frente de sus soldados, y sitiando el referido castillo y abriéndole brecha con el Fondíbulo, máquina que tiraba mil y quinientas piedras entre dia y noche, logró se le rindiese y dar libertad á don Lope. Añade que don Rodrigo de Lizana perdió el castillo que quedó en poder del rey, y que no creyéndose seguro en Aragon, se fué á guarecer á Albarracin por tener amistad con *don Pedro Fernandez de Azagra*, señor de aquella ciudad.

Como el rey don Jaime fuese insultado desde Albarracin por el rebelde don Rodrigo, se dirigió á sitiar á aquella ciudad y á castigar á Azagra que le ayudaba en sus desmanes, pero á pesar de dos meses de un cerrado sitio no pudo lograr nada, pues saliendo una noche los sitiados de la ciudad, le quemaron las máquinas de ataque y mataron mucha gente. Luego que alzando el sitio se retiró el rey para reunir mas fuerzas y aprestarse mejor á la venganza, los caballeros del reino que tenian en gran estima á Azagra, pidieron al rey le volviese á su gracia recordándole los grandes servicios que le habia prestado antes, por cuya razon era mayordomo de la real casa, y el rey vino al fin á aplacar su enojo y perdonarle porque se persuadió de lo mucho que le importaba tener por amigo y á su servicio personage tan valiente y principal.

Aun cuando no lo declara la historia, es de presumir que el señorio de Lizana quitado por don Jaime á don Rodrigo por derecho de conquista, ó fuese donado á Azagra cuando se congració con el rey, ó que alguno de la familia le comprase á la corona, puesto que el tal señorio ha ido viviendo en la familia de Azara hasta el actual marqués de Nibbiano, que le posee como herencia de sus antepasados de linage.

En el capítulo 19 del propio libro de nuestra historia, en el que se trata de como se ganó la ciudad de Valencia por el esforzado rey don Jaime el Conquistador, se manifiesta que en el entretanto que este soberano se hallaba sitiando y espugnando á dicha ciudad, *don Pedro Rodriguez de Azagra* y Jimeno de Urrea, rindieron la villa de Cilla, lo cual tuvo efecto el año de 1237, y que en el siguiente tuvo este Azagra el honor de asistir á la conquista de la dicha ciudad de Valencia, que entregó el rey moro

Zaen por capitulacion, la víspera de san Miguel, retirándose la morisma con su soberano á Denia, y entrando don Jaime con los cristianos en Valencia, cuyas mezquitas consagraron en templos al Señor.

Hacen mencion las crónicas despues de don Martin de Azagra, hermano de don Pedro, del que dicen era maestre de la órden de Calatrava, y que obtuvo en señorio la villa de Alcañiz por donacion de don Alonso II de Aragon, que tuvo sérias diferiencias con don Artal de Luna.

Tambien la hacen de don Alvar Perez de Azagra, señor de Albarracin, con referencia al rey don Jaime el Conquistador; de su hija doña Teresa Alvarez de Azagra, que casó con don Juan Nuñez de Lara; y de doña Emilia Ruiz de Azagra, señora de Villafeliz, que casada con don Fernan Lopez de Luna, sucedió en el señorio de Azagra, á falta de varones, á su hermana la espresada doña Teresa Alvarez, desde cuya época la casa de Luna debió unir á sus blasones la raza primogénita de los primitivos señores de Albarracin, que ya no poseian esta ciudad, puesto que no volviendo la historia á mencionar á los Azagras como señores de ella, nos dice que se quitó por conquista del rey don Pedro en la era de 1684 á don Juan Nuñez de Lara la ciudad de Albarracin, y que este no pudo volver á recobrarla, quedando como de propiedad de este soberano, que se la dió á su hijo natural don Fernando, el cual tuvo en doña Ines Zapata dueña principal, dándole al propio tiempo el señorio de la villa de Algecira y Liria en el reino de Valencia.

Aun cuando don Pedro de Azagra hermano de la

madre del primer señor de Albarracin, quitó la *g* de su apellido firmándose Azara, para que siendo del mismo nombre y apellido que este no se les confundiese; alguno de los descendientes de esta rama hicieron uso de los dos como lo hallamos en *don Juan Rodriguez de Azagra y Azara* hermano del Azagra conquistador de Cilla de quien ya hemos hablado y al cual acompañó como capitan de caballos en la conquista de Valencia. Reunidos vemos tambien ambos apellidos en los hijos de este don Jaime que murió en Barbastro de sacerdote y don Emilio que mandó en Huesca como gobernador en el siguiente reinado, siendo de notar que su hijo don Pedro solo se apellidó Azara ya cuando de él trata el genealogista Salazar que le pone como noble aragonés de Pertusa, lugar muy cercano á Barbuñales, sitio en que hoy se halla la casa solar de los Azaras.

Con referencia al reinado de don Pedro de Aragon hijo de don Jaime que es en el que aparece doña Emilia de Azagra, señora de Villafeliz, como la que llevó la rama primogénita de su linage á confundirse en la casa de Luna, hallamos que en el pueblo de Azara, una legua de Barbuñales, residia don Anton de Azara el cual debió ser descendiente de don Pedro arriba citado, puesto que se dice por el espresado Salazar que aquel tuvo un hijo llamado así, que casó con doña Ana Nougel hacendada en Azar (seria Azara), diciendo el genealogista al dar razon de este Azara, que era este apellido igual al de Azagra que poseia la casa de Luna.

Suspendiendo por un momento esta relacion, diremos que no falta quien derive el apellido Azara de la antigua y noble familia de *doña Juana de Aza*, virtuosa madre de *santo Domingo de Guzman* de la que hace la historia honorífica mencion, y la cual vivia con su esposo don Felix de Guzman en el año de 1170 en Caraluenga, pueblo de Castilla la Vieja en el obispado de Osuna. No nos oponemos á esta opinion puesto que por las razones que emitimos al principio sobre la corrupcion de los apellidos, bien pudo salir de este linage como cree el rey de armas Marin, el de los Azagras ó Azaras ó al contrario, pues que nada tendria de estraño, repetimos, á la diversidad de variantes que se observa en todos y atendido tambien el empeño en que los nobles antiguos ponian en que no se confundiesen sus nombres con otros iguales ó se oscureciesen por las alianzas de familias entre los blasones de sus émulos y competidores.

En algunos pueblos de Aragon y aun en otras provincias de España, asi como tambien en Italia en el reino de Sicilia, existen casas del apellido *Azara* todas de nobleza y solar, y aunque hasta el dia no se sepa en estas familias que todas procedan de un mismo tronco, nosotros creemos que es así, y entre otras cosas que pudieron separar del centro comun las ramas, serian las conquistas, la variacion de morada de los que se salieron de la madre patria ó del pais del origen, que es lo que causa la separacion de una familia hasta el punto de llegarse á desconocer como hermanos sus mismos individuos, y con motivo de la conquista de Sicilia por los aragoneses entre los cuales cuando aquel territorio se comprendia bajo la corona de Aragon, pasarian algunos

Azaras á Sicilia para servir de nuevo plantel de su linage en aquel pais. Trasplantadas aquellas ramas en diversa tierra cuando Aragon perdió aquella rica presea de sus conquistas en la que se habia acreditado la gloria y el valor de los heróicos aragoneses, los Azaras italianos que habian adquirido allí propiedades y consideracion adoptarian la Sicilia por patria y si asi fué, nada de estraño que los de allá y los de aqui con el trascurso de los tiempos llegasen á desconocerse como miembros de un mismo cuerpo heráldico. Esto es muy comun hallarlo en nuestra España, y se comprueba á cada paso cuando las familias desean rastrear su origen, en cuyo camino suelen hallarse dos ó mas familias que sin tenerse por de una familia llevaban un mismo apellido. Con respecto á nuestros americanos sucede mucho de esto, y aun podemos atestiguar con nuestra propia familia en la que ha ocurrido el hallar ser de un mismo tronco los *Castellanos* de Castilla la Vieja, y los que de este apellido existen en Chile y en el Perú, lo que sucede tambien á los Azaras de Méjico que son de la propia familia de que vamos tratando, como se lo acreditó á don José Nicolás en 1790 don Manuel Maria Azara y Calvo, cuya descendencia ostenta los blasones en Méjico donde por sus virtudes honran la familia aragonesa de los Azaras.

Siendo muchas las pruebas que tenemos para manifestar que multitud de poblaciones tomaron el nombre de los primeros que la poblaron ó de algun hecho notable del sugeto que las dió el título, porque nos son conocidas, parécenos no será una sospecha infundada si la tenemos en que el pueblo de Azara en Aragon que se halla á una legua de Barbuñales y el del mismo nombre que hay en Cerdeña en la division del cabo Caller, habrán tenido su origen en individuos de la familia de los Azaras que tuviesen en sus términos en lo antiguo alguna posesion de recreo ó casa de labor. Indúcenos tambien á esto la pequeñez de ambas poblaciones y de sus términos, y á que en los tiempos modernos se han ensanchado algunas posesiones de placer en el campo, tanto en España como en Italia por haberse colonizado en las haciendas de algunos señores cuyas posesiones han pasado despues á ser pueblos conocidos con el nombre del primer poblador del terreno. Esto acontece en toda colonia que adquiere su libertad y se constituye en pueblo independiente del señor al cabo de los años que señalan las leyes. Cuando esto tiene lugar, el nuevo pueblo conserva el nombre del señor que tenia cuando colonia como ha sucedido á la Carolina fundada por Cárlos III y tendrá lugar con el Real sitio de la Isabela, fundacion de la virtuosa reina doña Isabel de Braganza, muger segunda de Fernando VII, luego que S. M. la augusta Isabel II conceda la libertad prometida por su augusto padre á esta colonia, por la que como su defensor y apoderado abogamos en el dia con S. M. Las propias razones alegamos con respeto á la villa de Azagra en Navarra tercer partido de la Merindad de Estella y en el condado de Lerin, la cual corresponde en señorío al señor marqués de Falces, emparentado hoy tambien con la familia de Azara, porque creemos que á uno de este apellido puede deberse el nombre que lleva aquella poblacion situada en la ribera izquierda del Ebro un poco mas abajo del sitio en que se le une el Ega.

Volviendo á seguir la relacion que interrumpimos para dar lugar á nuestras anteriores reflexiones, hallamos que la lamentable pérdida de los papeles del archivo de la antiquísima casa de Barbuñales hace se haya oscurecido algun tanto la historia antigua de esta familia y perdido la época en que se situó en el espresado pueblo, en cuyos libros del estado noble, que tampoco son muy antiguos los que existen, se halla ya inscrita como una de las casas mas nobles, antiguas y distinguidas de la comarca.

Descúbrese con claridad que el año de 1417 existia ya en Barbuñales esta familia, pues que consta que á 16 de marzo dió el rey don Alonso V de Aragon el mando de un tercio de caballos á don Pedro de Azara, noble infanzon del lugar de Barbuñales avecindado en Siero, el cual era hacendado en Pertusa y en Peraltilla, lugares todos muy cercanos á Barbuñales que es donde existe desde inmemorial la casa de Azara.

Hállase en este mismo siglo, que don Martin de Azara noble de Barbuñales compró del comendador de la órden militar de san Juan ó sea de Malta un casal con campos, viñas y heredades en el pueblo de Azara que se halla á una legua de Barbuñales, y que habiendo sido turbado en la posesion por el vendedor, ganó don Martin el pleito en el año de 1491, declarándose en este mismo documento, que los ascendientes de dicho don Martin eran infanzones y ricos hombres desde tiempo inmemorial.

En el siglo XVI hallamos tambien confirmada la infanzonia de los Azaras de Barbuñales por sentencia dada por la real audiencia de Zaragoza en 13 de junio de 1587 á favor de don Martin de Azara declarándole sucesor de infanzones de linage y solar conocido. Todo lo cual se repite por el propio tribunal en 6 de noviembre de 1634 en que se libró egecutoria á don Miguel de Azara de quien se espresa ser infanzon de Siero y de Barbuñales, y haciéndose referencia al documento anterior.

Tenemos á la vista tambien un documento fechado el 1.° de marzo de 1512 por el que consta el estado noble de la villa de Pertusa y de Barbuñales, y en él se ven entre los de mas antiguo linage y elevada alcurnia a los Azaras.

Antes de la egecutoria librada á don Miguel de Azara de que hemos hablado, hallamos y posee la familia una informacion de infanzonia librada en Zaragoza en 12 de junio de 1619, por el gobernador de Aragon don Juan Fernandez de Heredia á favor de don Martin de Azara del lugar de Barbuñales y de don Juan de Azara, que lo era del lugar de Azara. Se encabeza esta informacion en nombre del rey don Felipe III, por el espresado señor gobernador asesorado, por el asesor del real acuerdo don Mariano Godino, y se dice: Que en Aragon la baronia de Pertusa se compone de esta, que es su cabeza y de los lugares de Barbuñales, la Luenga, la Perdiguera y la Cuadrada. Que en dicho Barbuñales de tiempo inmemorial hay congregacion de infanzones, los que sirven de dos en dos años los oficios de baile y el de jurado de infanzones de dicho lugar, lo que hacian juntándose para nombrarlos el dia de san Mignel del año en que tocaba hacer la eleccion, en la iglesia de santa Bárbara, que se halla fuera del pueblo. Que el solar conocido de los Azaras, estuvo de inmemorial en la calle de la Plaza, que confronta con la abadía del vicario y casa de Lorenzo Perez, y que no pagan pechos y sí solo aquello que es costumbre á los hijosdalgo. Se espresa tambien en esta informacion, que don Martin de Azara fué padre de don Miguel y de don Juan, de los que el primero tuvo por hijos á don Monserrat de Azara, el cual casó con doña Antonia Lopez, de la que tuvo á don Martin y á don Pedro de Azara, sucediéndole este á aquel en herencia, y que casado con doña Ana Azlor nació don Martin de Azara, que es el que solicitó esta informacion, el cual casó con doña Gracia Perez, de la que tuvo á don Miguel de Azara. Con referencia á don Juan de Azara, segundo hijo del primer don Martin y hermano del primer don Miguel citados en esta informacion, dice que de Barbuñales pasó á vivir al lugar de Azara distante solo una legua como digimos, en donde poseia un casal y hacienda que compró á censo á la encomienda de Barbastro, religion militar de san Juan de Jerusalen. Este señor casó con doña Isabel Perez, de la que tuvo á don Martin, que casó con doña Isabel de Graza, de la que nació don Juan de Azara, que solicitó esta aclaracion, y don Jaimo de Azara.

El don Miguel de Azara padre del dichoso don Alejandro, cuya biografía damos en este Panteon, obtuvo título de regidor preeminente por el estado noble de Barbuñales, habiendo sido nombrado de real órden en 7 de junio de 1708, la cual se le comunicó desde Pertusa por el ilustrísimo señor don Francisco de la Sierra Villabriga, baron de Letosa, cuyo señor, segun lo que dice el escribano receptor de la real Chancilleria don José Heñanita, se hallaba facultado para proveer de regidores en los lugares de su baronia y Pertusa; pero aunque esto fué así, el nombramiento se hizo á propuesta del concejo de Barbuñales, que tenia en gran aprecio su hidalguía y en mucho mas sus virtudes y cualidades personales.

Como acabamos de ver por la referida egecutoria, se declara competentemente la procedencia que tienen los Azaras de Barbuñales de ascendientes nobles de remota antigüedad, siguiendo hasta el dia sin interrupcion alguna la casa de Azara referida, en igual consideracion y respeto por lo tocante á nobleza de antiguo linage, y con mayor esplendor y fama por los nuevos timbres que han sabido adquirirlas sus caballeros.

Si estas breves noticias que hemos estractado de la Historia nacional, nobiliarios sinfanzonias, egecutorias y sentencias heráldicas y judiciales que tiene á su favor la casa de Azara de Barbuñales y su actual poseedor no acreditase la antigüedad de su nobleza, poco importaba para probar su hidalguía, la que desde *don Alejandro de Azara* se cimentó enel siglo XVIII en fundamentos tan sólidos por la escelencia de sus hijos y nietos, que sus virtudes, sus talentos y sus hechos les dieron entrada desde luego en las clases mas nobles de la sociedad. Asi fué precisamente, pues que entre ellos hubo siete doctores en ciencias y en letras, de los que los cinco han sido eclesiásticos y de ellos tres canónigos, un obispo de dos diócesis, y un cardenal ó príncipe del Sacro Colegio: dos embajadores en las principales córtes de Europa y de ellos el uno ministro de Estado en tres épocas: tres escritores de buenos libros y de ellos el uno brigadier de marina y escelente naturalista: cuatro catedráticos de la universidad de Huesca, la cual tuvo su cátedra de prima de leyes representada por los Azaras, por espacio de un siglo: porcion de descendientes transversales, maestros en ciencias, letras y artes tanto en la referida universidad cuanto en las demas del reino; y no pocos defensores de la justicia y de la patria en el tribunal, en el foro y en la milicia.

Como lo dijimos antes al hacer mencion de la rebelion de *don Rodrigo de Lizana* contra el rey don Jaime, ya sea por las razones que allí dimos ó por otras causas, la familia Azara de Barbuñales se halla en posesion desde muy antiguo del SEÑORIO DE LIZANA, que se funda hoy en el monte de este nombre que linda con el término de Barbuñales, señorio que dá consideracion y acredita la escelencia y antigua nobleza de esta familia en todo el reino de Aragon.

Fué en lo antiguo Lizana un pueblo cuyos términos lindaban con los de Ponzano, Lascella, Vespen, Pertusa y Barbuñales. Su iglesia parroquial y la mayor parte de sus casas estuvieron á la izquierda, inmediatas al camino de Barbuñales á Huesca, poco antes de empezar la segunda bajada. Otra porcion de casas se hallaron hacia el norte, á cuya parte se encontraba un gran rollo señorial con la horca y cuchillo, símbolo del dominio de los señores feudales, y las demas moradas con una capilla de san Nicolás, estaban en la falda de un cerro alto y escarpado, en cuya cumbre campeaba el fuerte castillo de Lizana, de que hemos hablado, y el cual menciona algunas veces la historia de Aragon, situado á la izquierda despues de pasar el rio. Por mas que lo hemos intentado, no hemos podido hallar ni la causa ni la época en que se despobló Lizana; pero consta por los documentos que conserva el actual poseedor, que sus señores continuaron egerciendo la jurisdicion civil y criminal alta y baja de horca y cuchillo en su término, con la absoluta y suprema magestad, teniendo levantada horca, nombrando alcaldes y monteros, y recibiéndoles el juramento, privilegio que les duró hasta que en 1815 se quitó á estos señores, lo mismo que á todos los demas de Aragon, la facultad de nombrar alcaldes, reservándose el rey de España este derecho en todos sus dominios, y el cual egerce hoy por la Constitucion de la Monarquía á propuesta de los ciudadanos electores, autorizados por la ley electoral.

No contribuyó menos á ennoblecer la casa de Azara el privilegio de VECINO DE LA CIUDAD DE FRAGA de que se haya en posesion, título honorífico que se concedió á esta familia por los importantes servicios que prestó á esta ciudad uno de sus caballeros, y por el cual disfrutan los Azaras de la rama del actual poseedor de la casa de Barbuñales, de los mismos privilegios que los vecinos y naturales de ella, y por lo tanto el libre paso de su puente sin que tengan que pagar nada por sus personas, ganados y caballerias propias; privilegio que se confirmó en 14 de marzo de 1796 á favor de don Francisco de Azara, padre del actual poseedor (1).

Este señor *don Agustin de Azara*, que lejos de

disminuir su patrimonio como muchos nobles, le ha engrandecido con nuevos títulos y posesiones, adquirió antes de contraer matrimonio, el señorío de GUADARESPE, cuyo castillo, en el partido de Huesca, fué antiguamente un pueblo, y cuyo término se conservó siempre y conserva independiente con alcalde propio nombrado antes por los señores del mismo modo que en Lisana, hasta el año de 1815, en el que cesaron en este privilegio los señores españoles, como digimos antes.

Las honrosas órdenes de caballeria que por sí solas ennoblecen á los que les son otorgadas, pero que no se concedian antes de este siglo á los que no podian acreditar un antiguo y conocido linage, han contribuido tambien á ensalzar y engrandecer la antigua y noble casa de Azara. El predicador franciscano fray Alberto Vidal, en el elogio fúnebre que pronunció el 12 de julio de 1797 en las exequias que se celebraron en la catedral de Barcelona, á costa de los familiares, del virtuoso obispo de aquella diócesis, *don Eustaquio de Azara*, cuya oracion se halla impresa; al dar razon de la alcurnia y escelente linage de este sabio prelado, dijo: que en el siglo XVII hubo un gran maestre de Malta, de la casa de Azara. A la vista del catálogo de los gefes de la espresada órden, que ha habido desde su fundacion hasta fin del siglo XVIII, en el que se notan ocho españoles, y de estos los tres aragoneses, se encuentra el nombre de *don fray Martin Garcia de Azar*, aragonés, que fué el 52 gefe de la órden, y que elegido en 1595 dirigió á los caballeros Sanjuanistas hasta el año de 1605, en que le sucedió el francés fray Adolfo de

Vignacut. En atencion al pueblo de este gran maestre aragonés y á su segundo apellido Azar, no dudamos que debió pertenecer á la familia de Azara, y que fuese un error de escritura la supresion de la última *a* del espresado apellido: á este maestre aludiria tal vez el P. Vidal, antes citado, en la enunciada oracion fúnebre. Aun cuando esto no fuera asi, la familia Azara puede ostentar la veneranda cruz de la antigua órden de san Juan de Jerusalen, denominada antes de Rodas, y despues de Malta, como pieza honorable de sus ilustres blasones, puesto que *don José Nicolás de Azara* fué, en el siglo pasado, Gran Cruz y Bailio de la órden por la lengua de Aragon, debiéndole esta institucion de nobles caballeros una gran proteccion, cuando á consecuencia de la revolucion francesa se les quitó la isla de Malta y sus maestres tuvieron que gestionar para que se les reconociese en Europa sus derechos y se respetase esta religion, si bien fué siempre consegero de su rey para que con respeto á España fuese el soberano de la órden, y no permitiese que otro soberano mandase á los caballeros españoles. Aun en el dia en la órden de san Juan campea el nombre de Azara en su ilustre y pia milicia, puesto que se halla de religiosa profesa en el real monasterio de Sigena de la misma órden *doña Josefa Salas de Azara*, hija de la virtuosa doña Nicolasa de Azara, hermana del actual señor de Lizana y de Guadarespe.

Creada la real y distinguida órden de Cárlos III, por este rey magnánimo, gloria de España y el mas ilustre de los Borbones que han reinado en este pais, la casa de Azara fué una de las primeras que tuvieron su honroso dictado y distintivo á los blasones de su linage puesto que *don José Nicolás de Azara* obtuvo una de las primeras cruces de ella que se dieron á los caballeros con quienes fundó la órden aquel soberano, habiendo sido á poco agraciado con la cruz pensionada y despues elevado á la clase de sus gefes condecorados con su gran cruz y banda cuyas insignias así como el manto de la Concepcion de nuestra Señora que defiende esta distinguida órden y cuya advocacion lleva como que es su protectora, las recibió de mano del señor rey don Cárlos IV y de su augusta esposa doña Maria Luisa de Borbon, en la misma real cámara en la que solo para este acto solemne convocó aquel soberano el capítulo de la órden en 1801.

Si despues se han prodigado las gracias de esta órden y concedido el celeste manto con alguna imprevision y ligereza, se escaseó en un principio de tal modo la gracia, y puso tanto cuidado en que recayese en personas dignas por todos conceptos, que era preciso para obtenerla, ó un linage muy distinguido ó acreditar grandes é importantes servicios hechos al rey y al estado, siendo muy contados los que lograron cruzarse sin tener todos los requisitos indispensables que previenen los estatutos pues que no faltó quien despues de haber obtenido la gracia del soberano, no pudo disfrutar de este honor ya por falta de pruebas de antiguo y limpio cristianismo y nobleza, ya por no llenar del todo las reglas que el reglamento exige á los que hayan de pertenecer á tan distinguida órden.

Siendo tan escrupulosa la recepcion en la órden

en el siglo pasado que fué el de su fundacion, y en el presente hasta hace pocos años, puede juzgarse del aprecio en que tuvieron los tres últimos soberanos españoles á la casa de Azara y de lo noble que la consideró la órden, cuando de los nuevos varones de la familia de quienes hacemos mencion en este Panteon desde don Alejandro, los seis, inclusu el actual poseedor de la casa, han obtenido la gracia de caballeros habiendo habido entre ellos dos pensionistas y tres grandes cruces ó gefes de la órden que ostenta los apellidos Azara y Bardagí en sus ilustres páginas de oro como de los mas esclarecidos blasones que la han enriquecido por las preclaras virtudes que adornaron y adornan á sus caballeros de este nombre y por los importantes servicios que prestaron los ya finados y prestan los que aun viven á la madre patria.

Las demas órdenes militares de caballeros españoles han tenido y tienen entre sus campeones Azaras que saben corresponder dignamente á su gloriosa institucion haciendo honor á su ilustre nombre.

Las distinciones y condecoraciones por servicios patrióticos, pruebas evidentes del heroismo y del valor, adornan tambien hoy el luciente escudo de los blasones de la casa de Azara, que cuenta, ademas de otros muchos patriotas, entre las floridas ramas ingertadas en su robusto tronco, preciosos renuevos de la sin par é ilustre condesa de Bureta *doña Maria de la Consolacion Azlor y Villavicencio* heroina de la invencible é inmortal Zaragoza, que admiró al mundo por su arrojo y valor en defensa de su amada patria, por sus virtudes y por su fervor religioso á la virgen del Pilar, Paladion sacro-santo de España, glorioso blason de Aragon, é ídolo celestial de los entusiastas y religiosos zaragozanos.

La casa de Azara cuenta como el principal de sus mas magníficos timbres, su devocion constante á la Santísima Virgen en su advocacion *del Pilar* porque creen con fé, y lo han creido siempre, que han debido y deben á su poderosa y constante proteccion su permanencia en el buen camino de la virtud y el progreso de su fortuna.

La espresada casa tiene por patron de ella y de sus posesiones y por glorioso protector de su familia á *san Juan Bautista* cuya divina imágen ostenta en su capilla patronato de la iglesia parroquial de Barbuñales y en los oratorios de las casas del actual señor de Lizana en Barbuñales, Huesca y Zaragoza. Estos celestes blasones dan á los Azaras en la tierra doble grandeza y son su segura y fuerte áncora en este miserable valle y su esperanza para tener un asiento en el lugar de los justos despues de la muerte cierta é inevitable para el cuerpo pero no para el alma del justo, que muere para adquirir mas preciosa y duradera vida en el cielo y en el aprecio y memoria de sus semejantes.

El título de marqués vino á coronar con sus dorados florones el ilustre blason de esta familia ilustre que le disfruta, no por el simple favoritismo ni como el pago de un servicio de corta valia ó de insignificante y oscuro origen, sino como el premio de las virtudes, del saber y de los importantes servicios hechos al infante duque de Parma por el primer marqués don José Nicolás de Azara á quien debió aquel el que su corona ducal no se desprendiese en vida de su cabeza, de suerte que el deber que imprime la gratitud en un corazon generoso y en un alma noble, fué mas bien que el favor el que coronó á los Azaras dándoles corona por corona. En efecto, el infante don Fernando, duque de Parma, cuñado de Cárlos IV, por el tratado de Aranjuez de 21 de marzo de 1801 que elevó á su hijo á rey de Etruria y de Toscana, fué destituido de su estado poniendo gran empeño la república francesa en destronarle para apoderarse de sus tierras que la habian sido cedidas por el referido tratado; pero nombrado el espresado Azara, que entonces era embajador de España cerca de la República francesa, ministro plenipotenciario de Parma cerca de la misma, no menos con celo que con discernimiento segun se dice en el honorífico título del marquesado, y poniendo en juego su sábia política y todos los recursos de su talento, logró de Napoleon Bonaparte en abril de 1801, que á pesar de todos los tratados en contrario no se molestase al soberano duque en sus estados los que poseyó y gobernó hasta su muerte. Servicio tan grande por el que se afianzó una corona vacilante, no podia quedar sin la debida y merecida recompensa sin nota de la mas fea ingratitud, y así es que el duque le premió dándole *en feudo libre, franco de abolengo y noble para sí y sus hijos varones y descendientes legítimos in infinitum las villas de Nibbiano, Genebreto, Stadera, Farsara, Sala, Albareto y Pinelo ulterior situadas en el ducado de Plasencia, á fin de que las poseyese con el título de marquesado con la jurisdiccion civil y criminal, homenage mero y misto, imperio y potestad de horca y cuchillo y todos los demas honores correspondientes.*

El espresado título se dió á don José Nicolás en el real palacio ducal de Colorno el 1.º de diciembre de 1801, firmado por el espresado duque de Parma y de Plasencia y autorizado por su ministro secretario Francisco Schizati, siendo de notar que en el espresado título dice aquel soberano darle *porque al paso que los servicios de Azara eran objeto de su especial agradecimiento, habian empeñado bien justamente su reconocimiento á darle esta solemne y pública demostracion de él* (II).

En el mismo título de marqués se sienta la sucesion de él en la familia, puesto que se manifiesta que atendidos los perennes méritos de Azara, si este muriese sin hijo varon, se entienda esta concesion igualmente á don Francisco, señor de Linaza, hermano del mismo caballero y á su línea masculina *in infinitum* con el órden de regular primogenitura, habiendo sucedido así pues que al don José ha sucedido en el marquesado el espresado don Francisco y á este su hijo único don Agustin que actualmente le disfruta.

A pesar de lo que realza un título de esta clase á una familia, no por él se engrandeció mas la familia de los Azaras, porque era ya grande antes de él y no ha dejado de serlo despues puesto que desde muy antiguo tuvo por patrimonio hereditario la virtud que es la verdadera y principal nobleza para con Dios y la mayor recomendacion para la estimacion de los hombres de bien, y particularmente para los que saben apreciar las cosas en su verdadero lugar y valor.

Si mucho ennoblece á las familias las distinciones

nacionales, no contribuyen menos á engrandecerlas las que se prestan á sus individuos por los pueblos estrangeros cuando no son el premio de algun servicio hecho en perjuicio de la amada patria; los Azaras obtuvieron el aprecio de los demas pueblos por su energía y constancia en defender la suya, y porque siempre que no se opuso á su proverbial patriotismo, sirvieron á todo el mundo y muy particularmente en los momentos en que se halló afligida la humanidad. Testigo sea de esto el haberse salvado los artistas franceses por dos veces del furor del fanático pueblo romano por mediacion de un don José Nicolás de Azara en los motines de 1793, 1796 y 1797, socorrido en 1801 los prisioneros franceses en Constantinopla á quienes libró del cautiverio y de la esclavitud, y librado Roma en junio de 1796 de la primera invasion francesa prolongándose por sus cuidados y proteccion algun tiempo mas la soberania temporal del papa Pio VI, y la tranquilidad de la iglesia romana. Estos importantes servicios que ensalzaron todos los pueblos de Europa pronunciando el nombre de Azara con entusiasmo y admiracion, y que pagó Roma con una ovacion completa á su libertador al que acuñó medallas, prodigó alabanzas por medio de la prensa y del buril y al que nombró por gracia especialísima uno de sus 60 nobles patricios (III) son los mas gloriosos blasones de esta ilustre familia, la que reunió á ellos la felicidad que proporcionó á la isla de Ibiza su virtuoso individuo el obispo don Eustaquio, y el bien que hizo á las ciencias naturales su hermano el sábio don Felix. Heredero de tantas virtudes y de todos los títulos y distinciones de su ilustre familia el señor don Agustin de Azara, actual marqués de Nibbiano y señor de Linaza, ha procurado y tenido la suerte de lograrlo, el mantener la elevacion y buen nombre que la ganaron los merecimientos de sus ascendientes, aumentando nuevas y preciosas piezas á sus blasones en el buen desempeño de los destinos públicos y patrióticos que ha desempeñado, en la estimacion pública que ha sabido conquistarse por medio de sus virtudes, y en la generosidad y beneficencia con que ha honrado á sus ilustres antepasados publicando sus vidas y obras póstumas en lo que hace un bien positivo que le agradece el pais.

SPLENDET IN ORBE DECUS.

ESCUDO DE ARMAS

Y BLASONES

DE LA ACTUAL CASA DE AZARA.

Como toda familia noble española, disfruta la de Azara de ilustres blasones, que forman el escudo de armas heráldicas por el que simbólicamente se distingue de las demas, y sin que entremos á averiguar el orígen y época en que se adquirió cada pieza ó blason, haremos la descripcion del escudo tal y como hoy le usa la familia. Divídese el espresado escudo en cuatro cuarteles, y como manifiesta el grabado que estampamos al frente de este escrito, el primer cuartel ostenta en campo de gules (rojo) castillo de plata mazonado; el segundo sobre campo de oro ó amarillo, un roble copudo de sinople (verde) cuyo oscuro tronco atraviesa una daga de plata; el tercero sobre campo de oro, águila azur mirando á un sol naciente de plata; y el cuarto igual en un todo al primero; debiendo advertirse que los terrazos de los castillos, roble y águila son de los colores sinople y oscuro, y que en cada castillo hay tres torres de homenage. Como linage de solar conocido, toda la familia debe coronar este escudo con morrion heráldico á la derecha ó de frente, y el que hoy disfruta el título de marqués y su línea directa con la corona de marqués.

La casa de Azara ha tenido la suerte poco comun de que sus individuos emparenten hasta el dia con familia de igual nobleza, pero refiriéndonos solo á la línea del actual poseedor de la casa matriz, debemos decir van unidas á sus blasones los de las novilísimas casas solariegas de Perera, Mata y Rivas; cuyas piezas de armeria ha reunido el actual marqués de Nibbiano acertadamente en su escudo de armas que con esta adicion ha quedado tambien dividido en cuatro cuarteles conforme se vé en el adjunto grabado que estampamos en el cual la casa de Azara ocupa, como debia, el primer cuartel, el segundo la de Perera, el tercero la de Mata, y el cuarto la de Rivas.

El escudo de los Pereras se halla por sí solo dividido en cuatro cuarteles: en el primero cuatro fajas de rojo en campo de oro; el segundo alcon (pájaro usado en lo antiguo en la caza) colocado sobre terrazo de sinople en campo azur; el tercero un frutífero peral sinople en terrazo de lo mismo sobre campo azur, y el cuarto igual en todo al primero.

El escudo de los Matas es tambien cuartelado: en el primer cuartel se ostenta un águila imperial esplayada y de dos cabezas sobre campo de oro; en el segundo se vé una figura en pié vestida á la romana y con cadena al cuello y mano derecha, hallándose en campo rojo (gules); en el tercero, sobre campo azur, se notan tres cabezas cortadas en los ángulos; y en el cuarto un brazo guerrero con una espada de plata dirigida en su punta á la cabeza superior de la derecha; y llenan el cuarto cuartel las cuatro barras sangrientas de Aragon sobre campo de oro.

Igualmente cuartelado el escudo de los Rivas, presenta en el primero montaña de dos rocas puntiagudas y la de la izquierda de grande elevacion de sinople sobre campo azur; en el cuartel segundo se halla un roble de sinople sobre terrazo oscuro en campo de oro; en el tercero se vé un grifo aleonado y lenguado, y con alas en positura rapante y de color sinople sobre campo azur claro, y componen el cuarto tres mazas en palo de plata con mastiles de sable (negro) sobre campo de gules.

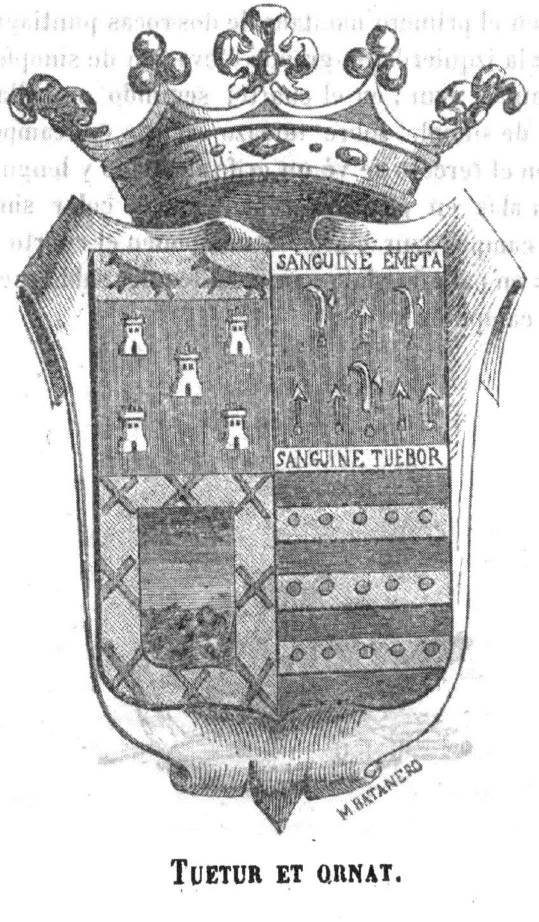
SANGUINE EMPTA
SANGUINE TUEBOR
M. BATANERO

TUETUR ET ORNAT.

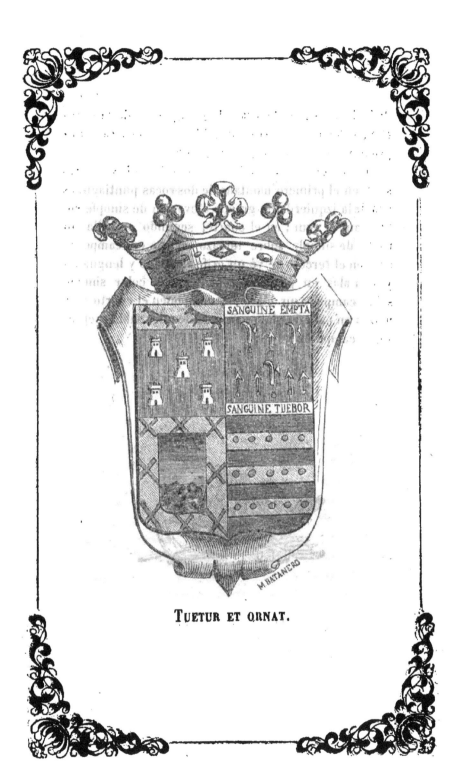

Enlazado el actual poseedor de la casa de Azara, el señor DON AGUSTIN DE AZARA, tercer marqués de Nibbiano, con la SEÑORA DOÑA MARIA DE LOS DOLORES LOPEZ FERNANDEZ DE HEREDIA AZLOR Y VILLAVICENCIO, los blasones de estas ilustres casas, que poseen hoy los señores duques de Villahermosa, tios carnales de la espresada señora, hija de los señores condes de Bureta, por haber sido su señor abuelo materno hermano del actual duque de este titulo, se hallan hoy unidos y enriquecen los del actual señor marqués espresado, que presenta acolados en sus armas ambos escudos reunidos por los dulces lazos del amor conyugal mas feliz, prometiéndoles una dichosa fecundidad el caminar unidos por mucho tiempo.

Los esmaltes ó colores en la heráldica no están al capricho del señor que los usa ó del artista que los dá; están sujetos por el contrario á las leyes del blason, y en este concepto no solo se conocen por ellos la bondad de una nobleza, si que tambien los deberes á que están obligados sus caballeros. Refiriéndonos en esto á la seccion XI del tomo tercero de nuestro compendio de Arqueologia literaria y artística, publicado en 8.º en 1845, diremos con relacion al capítulo segundo, al que para esto y cuanto á ello pertenece remitimos á los estudiosos y curiosos, que el esmalte de *oro* ó color amarillo que le sostituye, significa: justicia, riqueza, poder, etc. La *plata* ó el blanco: inocencia, virtud, pureza y vencimiento sin sangre. El *gules* ó rojo: caridad, valor, honor y victoria. El *azur* ó azul: dulzura y lealtad. El *sable* ó negro: prudencia, sabiduria, secreto y muerte. La *púrpura*: devocion, soberania y autoridad. Y el *sinople* ó verde: esperanza, cortesía y amistad.

Los caballeros que ostentan en sus blasones el *oro*, están obligados por las leyes heráldicas á defender á su rey y patria, príncipe ó señor natural, á sostener la dignidad nacional, y á socorrer y aliviar la suerte de los pobres. Contraen el deber de amparar á los huérfanos y á las doncellas los que usan del esmalte de *plata*. El de oponerse á la injusticia y defender á los que son perseguidos por ella, es deber en caballería de los que ostentan el esmalte de *gules*. Los del color ó esmalte *azur*, tienen obligacion de asistir á su patria, rey ó señor gratuita y generosamente en cuantas ocasiones se les necesite. Es deber de los que blasonan el *sable*, el proteger á los artistas y literatos, y amparar á las viudas y huérfanos. Los que se engalanan con la *púrpura* en su blasón, tienen el sagrado deber de defender la religion á todo trance y de salir á la defensa de los sacerdotes siempre que se les persiga injustamente. Y en fin los que hagan campear el *sinople* por derecho, están obligados á defender la libertad de la patria, á proteger á los labradores y á los pobres que estén vejados y oprimidos por algun tirano.

La novilísima casa de Azara que como hemos visto ostenta en su escudo los esmaltes *gules* y *oro* en los campos de sus piezas de armería, ha sabido llenar siempre los deberes que por ellos les impuso la ley heráldica y lo atestiguan así sus mismos blasones esculpidos sobre los referidos esmaltes cuyo significado peculiar, que puede ver el curioso en nuestra citada obra y en el diccionario universal de geografía é historia de que somos redactor heráldico, impreso en este año por el editor Mellado en las voces, *castillo*, *roble*, *águila*, y *sol*, denota y declara, el poderío elevacion y acrisolada hidalguía de tan ilustre familia. Lo propio debemos decir de los que ilustran los escudos de los *Pereras*, *Matas* y *Rivas* cuyos blasones se agolparon en derredor de los de Azara para mas honrarles y engrandecerles.

Las nobles y antiguas casas de los Bardagis, Lopez, Fernandez de Heredia, Azlor y Villavicencio, Marin, Escudero, Foncillas, Falces, Loscertales, Parada, Cascajares, Montañes, Ligues, Plaño, Santa Pan, Espinosa, Otal, Navascues, Rodellan, Salas, Sichar, Ardid, Ladron de Cegama, Sin, Holloqui, Allue, Blanque, Coll, Naya y otras muchas; todas estas casas, repito cuyos blasones enriquecen la *Adarga española* y que se ven con gloria figurar, por medio de sus ilustres individuos, en los fastos de nuestra nobleza nacional, han acudido tambien, á causa de honrosas alianzas de familia sujetas por el dulce lazo de amor conyugal, á engrandecer mas y mas la casa de Azara que rica y engalanada con tan novilísimas preseas, se ostenta hoy con noble orgullo, como una de las casas nobles de mas gloriosos recuerdos y de mayor consideracion y aprecio de la nacion española.

La Italia, ha contribuido tambien al aumento y prosperidad de la casa de Azara y por eso se ostenta con tal magestad el *marquesado de Nibbiano* en Parma y Plasencia, honrado y gozoso por contar á los Azaras por señores.

A pesar de lo que llevamos espuesto, nos parece que las piezas mas preciosas y honoríficas del distinguido blason de la casa de Azara de que tratamos son los ilustres hombres que ha producido ya directamente ya por medio de sus distinguidas alianzas, puesto que sus virtudes y heróicos y benéficos hechos, les presentan á la posteridad con una radiante y luminosa corona de gloria, que hace mas bella la perspectiva de los antiguos recuerdos que declara la historia por un lado y la heráldica por otro. Y como persistamos en esta idea, dejando en un solo cuartel reunidos en gefe, todos los citados heredados blasones, hemos completado el magnífico escudo de la casa de Azara, colocando en los demas por su órden cronológico y conforme al método que nos hemos propuesto, las figuras de los sugetos mas respetables de esta familia en los tiempos modernos, entre las que descuella en su centro cual coloso, la del inmortal DON JOSÉ NICOLÁS DE AZARA Y PERERA.

Las biografías de los ilustres Azaras que damos á continuacion y con las que componemos este honroso PANTEON, nos los dá á conocer, sino tal y cual fueron por la inferioridad de nuestro pincel, al menos con alguna proximidad, porque hemos puesto en juego nuestra buena y decidida voluntad, todos los recursos que hemos podido adquirir y cuanto sabemos, para retratarlos lo mejor posible á nuestros cortos alcances.

PRISCA DECORA RESTITUTA.

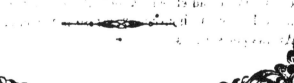

NOTAS.

(I.)

Muy señor mio: Ha sido sensible á este ayuntamiento el procedimiento del arrendador del paso del puente, en exigirle el derecho de aquel por el ganado cabrio que conducia su mayoral Miguel Marin. Se ha providenciado que se le devuelva inmediatamente el tanto que pagó, y que se avise á vd. para que enterado de que el ayuntamiento quiere conservarle el privilegio de VECINO que le concedió, le sirva de satisfaccion. Dios guarde á vd. muchos años como deseo. Fraga, en sus casas consistoriales 14 de mayo de 1796.—B. L. M. de vd. su mas atento seguro servidor.—José Junqueras.—Nicolás Mañes.—José Ateca.—José Aznar.—Matias Villanova.—Joaquin Rubio Siron.—Antonio Barrafon.—Ph. Vilar.—Francisco Ibarz.—Por Fraga, Esteban Casaus.—Sr. don Francisco de Azara.

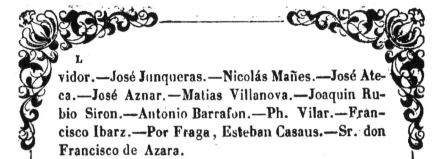

IN PERPETUAM MEMORIA AZARIIS.

DOCTARUM PRÆMIA FRONTIUM.

(II.)

Copia de la donacion del marquesado de Nibbiano hecha en favor del Excmo. Sr. D. José Nicolás de Azara.

FERNANDO INFANTE DE ESPAÑA POR LA GRACIA DE DIOS, DUQUE DE PARMA, PLASENCIA Y GUASTALA, ETC. ETC. ETC.

Los fieles é importantes servicios hechos á nuestra real persona, no menos con celo que con próvido discernimiento, por DON JOSÉ NICOLÁS DE AZARA, caballero gran cruz de la órden de Cárlos III, y de la de san Juan de Jerusalem, consegero de estado de nuestro amantísimo primo y cuñado el rey católico, su embajador cerca de la República francesa, y nuestro ministro en la misma República: al paso que son obgeto de nuestro especial agradecimiento, han empeñado bien justamente nuestro reconocimiento á darle una solemne y pública demostracion de él.

Y por tanto usando NOS de la plena absoluta soberana potestad nuestra; motu propio y de cierta ciencia, concedemos y libremente donamos al mencionado caballero de Azara y á sus hijos varones y descendientes varones de varon, legítimos y de legítimo matrimonio *in infinitum* con órden de regular primogenitura, las villas de *Nibbiano*, *Genebreto*, *Stadera*, *Farsara*, *Sala*, *Albareto* y *Pinelo ulterior* que están situadas en nuestro ducado de Plasencia, y que han vuelto á entrar bajo la jurisdicion de nuestra real cámara, en consecuencia de haberse estinguido en el año de 1792 la antigua é ilustre familia MALVICINI; con sus respectivos territorios, pertenencias y adyacencias, y en calidad de feudo libre franco de abolengo y noble con título de MARQUESADO, con la jurisdicion civil y criminal, homenage, mero y misto imperio, y potestad *gladii* ó de horca y cuchillo, y con todos los honores y prerrogativas correspondientes á dicho feudo.

Declaramos deberse entender de derecho y pertenencia del mismo feudo, el derecho de exigir y cobrar los rendimientos ó prestaciones anuales en dinero, á que en lugar y vez de algunos antiguos derechos que competian al propio feudo, se han obligado los sobredichos comunes á tenor de los convenios otorgados con nuestra real cámara ducal, y refrendados por nuestro secretario de ella en el dia 16 de abril del año 1800.

Queremos ademas y ordenamos deberse entender incorporado como de motu propio, cierta ciencia y con la plenitud de nuestra soberana potestad, incorporamos al espresado feudo el derecho de exigir y cobrar tambien la renta de las dos regalías de la saca de la sal, asi llamadas *Leva della sale é dell' estimo, ó sia tasa diritta* (impuesto directo) renta que antes se habia percibido constantemente de nuestra real tesorería en Plasencia.

Si sucediese que el nominado caballero de Azara no dejase despues de sí hijos y descendientes varones como arriba queda indicado, no por eso deberia debilitarse ó venir á menos la eficacia y el efecto de la presente concesion y donacion nuestra. Atendidos los perennes méritos suyos hácia nuestra persona, es nuestra precisa y absoluta Mente, que en tal caso sea y deba entenderse estendida esta concesion y donacion á don Francisco, señor de Lizana, hermano del mismo caballero de Azara, y á su línea masculina *in infinitum* con el órden de regular primogenitura arriba enunciado, que deberá observarse entre los varones que compongan la misma línea. Y ademas no existiendo ó faltando en cualquier tiempo el mencionado don Francisco y su línea aqui antecedentemente insinuada, queremos y mandamos que quede lugar para suceder á las hembras sus hijas, y sus varones con preferencia de la hija primogénita y del hijo primogénito de esta, y de sus hijos y descendientes varones de varon con el mismo órden de regular primogenitura, y asi progresivamente de la hija segunda y de las demas hijas del mismo, y de sus respectivos hijos y descendientes, como aqui arriba se espresa, observándose siempre el órden primogenital establecido. Y en consecuencia de esto, el feudo arriba mencionado, deberá pertenecer sucesivamente tambien á las indicadas personas, con el mismo título de **Marquesado**, con todas las insinuadas cualidades y prerrogativas, y con los derechos que le hemos agregado é incorporado segun vá tambien arriba especificado.

Y á fin de distinguir mas bien los calificados méritos del mismo caballero **don Jose Nicolas de Azara**, queremos que esté enteramente dispensado de contribuir con cuanto competiria á nuestra real cámara ducal por razon de supremo derecho de la presente infundacion remuneratoria.

Pero concedemos y donamos todo esto con las restricciones y reservas que segun estilo se ponen á las concesiones de los feudos y bienes feudales, y especialmente con la reserva de nuestra superioridad en dicho feudo y del decreto del magistrado supremo y con la obligacion en el mencionado caballero *don José Nicolás de Azara*, de tomar de nos la acostumbrada investidura para sí, para sus hijos y descendientes varones y para las demas personas y descendencia arriba mencionados.

Por tanto mandamos á nuestro supremo consejo de la cámara que á su mas ámplia instancia le otorgue escritura de donacion sobre todas las cosas por nos concedidas como vá arriba espresado con las cláusulas, seguridades y declaraciones que crea convenir, y queremos y decretamos que la presente carta ó papel nuestro corroborado con nuestra firma y con la de nuestro ministro delegado para nuestro despacho universal, valga y tenga su pleno efecto ni pueda jamás oponérsele en la substancia ó en las formas defecto alguno.

Y en su consecuencia derogamos motu propio de cierta ciencia y con la plenitud de nuestra real potestad ducal, toda y cada una de las leyes, costumbres y decretos que de cualquier modo puedan obstar aunque fuese necesario traerse de ellas en este lugar una especial é individual mencion. Y señaladamente derogamos los decretos:=*Solebant*=*Meminimus*=y *providere violentes*=en la parte que fuese contraria á cuantos hemos aquí antecedentemente ordenado y dispuesto. Y tambien derogamos el decreto de Milan de 20 de mayo de 1489, la carta del serenísimo señor duque Ranucio segundo del año 1648, el decreto del serenísimo señor duque de Octavio=*De derogacionibus exprimendis* y las constituciones ducales de nuestros serenísimos predecesores bajo el titulo de *Dictadura et signatura*, en los párrafos=*Non dicatur y ingratis* y bajo los títulos=*De interinacione et verificacione alienacionum privilegiorum et graciarum per nos concedendarum et clausulis in eis aponendis, et de posesione bonorum et jurium feudalium per lineam finitan capienda.*

Tal es nuestra precisa soberana voluntad é intencion.

Dado en nuestro real palacio ducal en Colorno hoy dia 1.° de diciembre del año 1801.

Firmado=Fernando etc.

Refrendado=Francisco Schizati etc.

El ministro *Schizati* en 20 de octubre de 1801 dió noticia á Azara haberle hecho el Soberano Duque, marqués de Nibbiano por hallarse este vacante por la estincion de la familia masculina de los marqueses Malvicini Fontana. En 9 del siguiente febrero se le dijo que pues el rey de España á quien Azara pidió licencia al efecto, no se oponia á que recibiese este título, nombrase procurador que prestase por él el oportuno juramento de fidelidad, y verificado todo así, se le dió posesion del marquesado que por su fallecimiento pasó á su hermano don FRANCISCO, y por el de este al actual marqués don AGUSTIN DE AZARA único hijo varon del último.

Insigne virtutis Decus.

DEUS MULTIPLICAT.

(III.)

Nos el marqués Gerónimo Muti Papazurri, el baron Cárlos de Aste y el marqués Francisco Ceva, jueces conservadores de la ciudad de Roma, deliberando si debe condecorarse con la dignidad de noble romano del número de los sesenta patricios, al escelentísimo caballero don José Nicolás de Azara, ministro plenipotenciario de S. M. C. cerca de la Santa Sede, por la autoridad que tenemos del senado y pueblo romano, asi decretamos se haga.

El grandísimo y justísimo deseo que tenemos de honrar cuanto podemos al ilustre y muy digno de toda alabanza el caballero don José Nicolás de Azara, ministro plenipotenciario de S. M. C. cerca de la Santa Sede, nos ha inflamado mucho mas por el mandato supremo de nuestro santísimo señor Pio VI, pontifice máximo, á cumplir todo cuanto se debe á este tan escelente y benemérito varon, y darle un público testimonio de nuestra gratitud y aprecio. Brillan en él ademas de los honrosísimos cargos que el rey le ha confiado, ademas del esplendor de su linage, dotes propias y singulares, un ánimo candoroso, talento, erudicion, afabilidad, conocimientos de las ciencias y bellas artes, deseo de hacer bien á todos, y un particular amor bien conocido por tantos años hácia esta ciudad de Roma, como si fuese su patria. El tiempo calamitosísimo que sobrevino á toda esta ciudad, mostró clarísimamente cuan grande fuese este. El no dudó tomar parte en las mayores inquietudes y esponerse á las graves dificultades, tener frecuentes y muy molestas disputas con los enemigos en los lances mas apurados del estado, sufrirlo todo ni sustraerse por alguna incomodidad ó trabajo de la energia y constancia de obrar, para poder conseguir por fin restituir de la última inminente ruina á la esperanza de la salud y tranquilidad, no solo á la ciudad de Roma, sino tambien á los demas estados pontificios. Lo que de tal modo hizo con su trabajo y consejo, que debe contarse ya entre los principales defensores y libertadores que ha tenido Roma desde su fundacion. Este es el parecer unánime y conforme sobre sus méritos del sapientísimo pontífice, este el de los señores cardenales, este el de los magnates y demas órdenes de la ciudad de Roma. Por lo que nos, que hemos sido nombrados en este triunvirato para mirar por la república, qué otra cosa mas correspondiente á nuestro oficio podemos y aun debemos hacer que añadir al número de los mas nobles ciudadanos romanos, y contar entre los sesenta patricios de esta ciudad de Roma á este escelentísimo varon que le conservó varonilmente? Ademas de que tenemos á mucha gloria obedecer con muchísimo gusto y con todo esmero á la voluntad de nuestro santísimo señor, miraremos tambien por tan ilustre órden de ciudadanos, y le añadiremos un distinguido ornamento con la eleccion de un compañero como este, y adquiriremos un nuevo amparo para cuanto se ofrezca en cualquiera ocasion á nuestra patria que se ha comunicado ya con él. Con este decreto que hemos dado con la autoridad del sagrado senado y pueblo romano, no tanto nos parece á nos que hemos añadido cosa alguna al caballero Azara para la honra y esplendor de su nombre, cuanto que hemos recibido de él muchísimo; de modo, que para que haya de llegar á toda la posteridad con su celebridad el beneficio tan grande y tan memorable que hizo á esta ciudad, pueda tambien permaner juntamente este pequeño monumento, no ya de la correspondencia del senado y pueblo romano como de su perpétua memoria. Desde el capitolio, año de la fundacion de Roma 2547, de la redencion del mundo 1796 dia 6 de agosto.

Gerónimo Muti Papazurri=conservador.

Cárlos Aste=conservador.

Francisco Ceva=conservador.

Gerónimo Cenci=notario del senado y pueblo romano.

Registrado, folio 123, núm. 94.

Angel Bondanini.

Pro-notario del senado y pueblo romano.

BARBUÑALES DE ARAGON.

......Magna parens frugum saturnia tellus. (Virg. Geor. 3.)

NOTICIA
DEL
PUEBLO DE BARBUÑALES.

Siendo el pueblo de Barbuñales en el que se halla la casa solar de la actual familia de Azara y en el que han nacido sus mas distinguidos vástagos en los tiempos modernos, hemos creido conducente dar una noticia de él, á fin de que participe algun tanto en esta publicacion de la gloria de los que le han dado celebridad.

Se ignora el año de la fundacion del pueblo cuya vista manifiesta el presente dibujo; pero se sabe que existia ya en tiempo de los romanos. Se halla situado en la provincia de Huesca á seis horas de su capital, y á cuatro de Barbastro, á cuyo partido pertenece hallándose cerca de él el rio *Alcanádre*: en lo eclesiástico pertenece al obispado de Lérida. Confina con la villa de Pertusa, y pueblos de Laluenga, Ponzano y con el monte de Lizana propio de la casa de Azara que le posee con título de Señorio. Los espresados pueblos vienen á distar de él como una hora, y su situacion es muy pintoresca.

En el dia tiene setenta y ocho casas y cuatrocientas almas de poblacion poco mas ó menos. Tiene alcalde ordinario y ayuntamiento, cura y teniente cura, y dos beneficiados eclesiásticos, cuyo patronato pertenece á la casa de AZARA. Tiene por titulares á *san Lorenzo* y á *santa Bárbara* á cuyos santos patrones celebra fiesta anualmente.

Su término no es muy estenso pero es bastante bueno, y se cogen en él toda clase de granos, aceite, y principalmente vino de muy buena calidad. Tambien produce frutas, legumbres y toda clase de verduras buenas y abundantes que se crian en una porcion de terreno dividido en huertos que se riegan con una abundante fuente de agua buena y permanente, aun en los años escasos de lluvias, y cuya fuente se supone fué construida en tiempo de la dominacion de los árabes, los que se cree, con fundamento, que plantaron la mayor parte de los olivos que existen en el dia en el término.

Aunque la mayor parte del terreno se halla cultivado, no deja de quedar pastos para mantener los ganados necesarios al consumo de la poblacion.

Tiene Barbuñales una iglesia bastante buena y capaz que se acabó de edificar en el año de 1666, la cual señalamos en el grabado con el número 3. Está adornada con buenos altares, principalmente el mayor cuyo titular es *san Lorenzo Martir*. La casa de Azara tiene de su propiedad en dicha iglesia la capilla de *san Juan Bautista*, en la que se han enterrado los de la familia, y entre ellos se halla *don José Nicolas de Azara*, colocado en un sepulcro de marmol. Sobre esta capilla tiene la familia de Azara una tribuna á la iglesia, á la que se pasa desde la casa matriz. Tambien pertenece á la casa de Azara los dos altares principales del crucero, que están frente el uno al otro, y cuyos titulares son la *Virgen del Carmen* y *san Sebastian.*

A poca distancia del pueblo se halla una hermita de santa Bárbara, muy bien situada, y junto á ella se ha construido el campo santo, en el que la familia de Azara tiene un panteon.

La casa de Azara cuya fachada principal representa el presente dibujo, y señalamos en la vista del pueblo con el número 2 es buena y muy capaz y con muchas comodidades; siendo una el poderse pasar desde ella á la tribuna que hemos dicho tiene en la iglesa sobre su capilla de san Juan Bautista; el hermoso y grande olivar cercado que está junto á la casa y que señalamos con el número 1 en la vista del pueblo, produce mucho aceite de buena calidad á pesar de la antiguedad de sus grandes olivos, y esto y las bellas vistas de que disfruta la casa, la hacen ser la mejor de la poblacion.

Hay en el pueblo ademas otras casas que son bastante buenas, y la mayor parte con alegres vistas, por la buena situacion que tiene. Barbuñales

Ademas de los sugetos de mérito que ha producido la casa de Azara, han salido de otras tambien algunos sugetos muy recomendables, principalmente en la carrera eclesiástica, entre ellos *don Cárlos Laborda*, actual obispo de Palencia. *Don Mateo Foncillas* que murió de obispo de Jaca el año 1717, y fué prelado de gran virtud y sabiduria. *Don Antonio Lovera*, capellan mayor del regimiento de la Reina, hombre de instruccion, el cual escribió y publicó una obra titulada: «*El por qué de todas las ceremonias de la iglesia*;» y *don Agustin Cortillas*, abad del real monasterio de san Victorian, de la órden de san Benito en Aragon.

En 1708 estuvo en Barbuñales durante cinco meses el *Ilmo. Señor Solís*, obispo de Lérida que habia sido virey de Aragon; y por algun tiempo fué depósito de la caballería del ejército de Aragon este pueblecillo por su militar situacion.

El invierno de 1708 fué tan estraordinariamente frio que murieron muchas gentes en aquel partido, y con esto, la mucha miseria que hubo en el pais, y la guerra, se despoblaron algunos pueblos, pero Barbuñales tuvo la fortuna de que con la cosecha del vino pudiese atender á sus necesidades, por haberse vendido aquel año á buen precio. La gloriosa guerra de la independencia que tantos estragos causó en todo Aragon, respetó á Barbuñales mas que á otros pueblos de la comarca á pesar de que no dejó de ser bastante vejado así como ha sucedido en la última lucha civil porque ha pasado la península en los principios del presente reinado.

A pesar de la humildad que por su corto término y menor vecindario presenta Barbuñales y de su poca consideracion geográfica, industrial y mercantil, no deja de hacerse mencion de él algunas veces en la historia de Aragon, particularmente en aquellos casos en que los aragoneses han sabido defender sus fueros y su independencia, en los que sus hijos se han mostrado siempre con valor, teson y bizarría. Cítase tambien á Barbuñales en el libro 4.° de los Anales de Aragon por Zurita, en que se dice al folio 272 vuelto: que las cortes reunidas en Zaragoza para pedir al rey don Pedro hijo de don Jaime el conquistador que se hallaba sitiando á Albarracin donde le hacia guerra don Juan Nuñez de Lara esposo de doña Teresa Alvarez de Azagra ó de Azara, que respetase ciertos fueros del reino y repusiese de justicia de Aragon á don Pedro Martinez de Artasona á quien habia suspendido del oficio, diciendo: que las referidas cortes penaron á los concejos de Pertusa y de Barbuñales, porque les fueron rebeldes y ayudaban al rey en sus desafueros segun lo que del testo se comprende. Aun cuando nada podamos aumentar á este relato para engrandecer á este pueblecito, el ser patria de los ilustres *Azaras* basta para darle nombre y consideracion y así es que los geógrafos modernos y autores de los diccionarios geográficos que se han impreso en España en este siglo, no han olvidado el hacer mérito de esta escelencia al mencionar este pueblecillo recordando en él particularmente al eminente diplomático y distinguido literato don José Nicolás de Azara.

La casa de Azara en Barbuñales ostentará en su frontis antes de acabar el presente año un sencillo monumento de mármol que recordará á la posteridad al lado de sus antiguos blasones, la memoria gloriosa del ilustre don José Nicolás á quien obsequiará en nombre de toda su familia el actual marqués su sobrino y heredero, que se inmortalizará con él en Aragon por sus virtudes y poco comun generosidad.

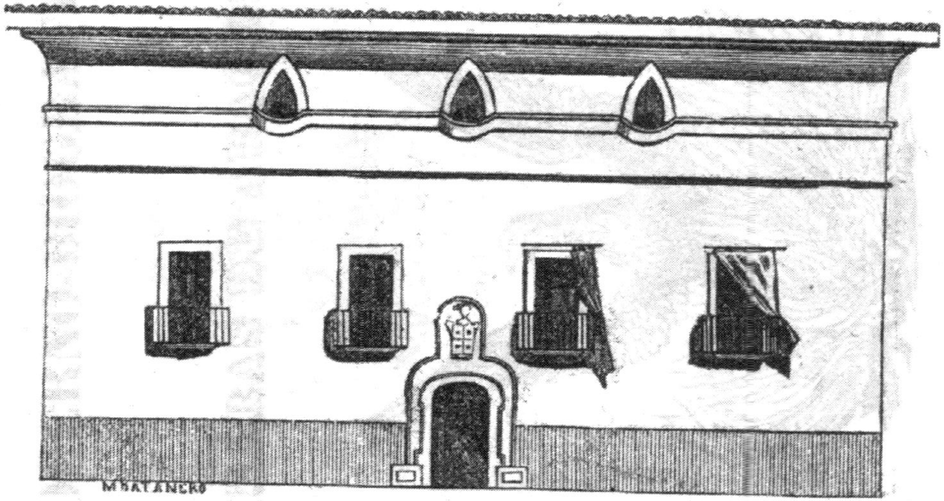

Casa de Azara en Barbuñales.

PAX HUIC DOMINI.

PANTEON
MODERNO-BIOGRAFICO
DE LOS
AZARAS DE ARAGON.

MORS NOVA VITA AZARIIS.

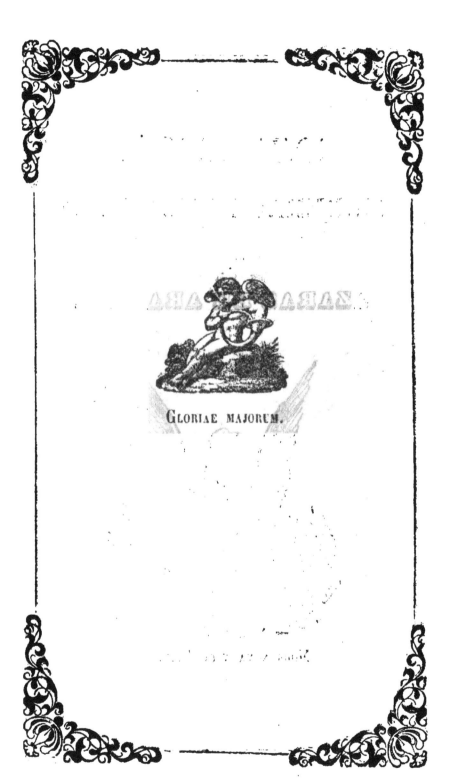

Gloriae majorum.

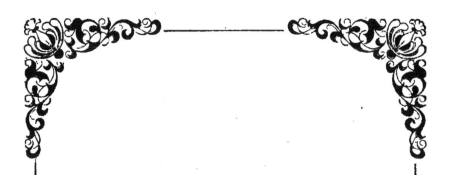

DON NICOLÁS DE AZARA

Y PONCILLAS.

Vice-Maestrescuelas de la Universidad de la ciudad de Huesca.

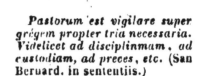

Pastorum est vigilare super grégem propter tria necessaria. Videlicet ad disciplinmam, ad custodiam, ad preces, etc. (San Bernard. in sententiis.)

La noble y antigua casa de los Azagras ó Azaras de Aragon ha producido, desde los tiempos mas remotos, hombres de esclarecido talento que aumentando con su mérito y virtudes sus ilustres blasones, han merecido un distinguido lugar entre los célebres aragoneses.

Dejando en su lugar á los que desde la edad media se han distinguido en las armas, en las letras y en la carrera eclesiástica, y contentándonos por ahora con los mas próximos parientes de don José Nicolas, lumbrera luminosa de esta familia, descenderemos á la segunda mitad del siglo XVII, época en la que hallaremos en primer lugar al erudito don Nicolas de Azara y Foncillas en aquel pueblecillo que tantos hombres ilustres produjo.

Nació este virtuoso eclesiástico en *Barbuñales*

el dia 15 de setiembre de 1666. Fueron sus padres *don Martin de Azara* y *doña Gerónima Foncillas*, señora de noble cuna que tuvo por hermano á *don Mateo Foncillas* sugeto de muy acrisolada virtud, y de claro talento que ocupó dignamente la silla del obispado de Jaca.

La Universidad de Huesca en la que se formaron tantos sábios que dieron prez y gloria á su pais, y en la cual habia de distinguirse estraordinariamente la familia *Azara*, fué el teatro en que se desarrollaron las facultades intelectuales del jóven DON NICOLAS que estudió en aquellas escuelas la filosofia y la jurisprudencia. El dia 24 de abril de 1688, se graduó de bachiller en cánones, y sucesivamente despues de licenciado y de doctor.

Como si las cátedras de esta Universidad hubieran de radicarse despues en individuos de su familia, las inauguró don Nicolás á quien se confirió en 26 de abril de 1689 la de decretales. Desempeñó la enseñanza con tal esmero é inteligencia, que pasó por uno de los profesores mas aventajados lo que contribuiria no poco á que se le concediese una veca en el colegio de san Vicente Martir de la ciudad de Huesca en el que entró de colegial en el año de 1693.

Eclesiástico ejemplar, hizo oposicion en 1701 á la canongía doctoral de la santa Iglesia de Huesca, y el 24 de febrero del mismo año, se la confirió el cabildo. Sirvió esta hasta el año 1707, en que el mismo cabildo le dió una canongía libre en la misma catedral en premio de sus buenos servicios.

En los 25 años que estuvo dedicado á la enseñanza pública en la Universidad, obtuvo sucesivamente las cátedras de sexto, decretales y vísperas de cànones, en cuya cátedra fué perpetuado por real órden sirviéndola hasta que se jubiló.

En 1696 nombró el rey Maestrescuelas de Huesca á su tio *don Mateo Foncillas*, época en la que fué tambien nombrado DON NICOLAS vice-Maestrescuelas de aquella Universidad, destino que sucede en todas sus funciones al Maestrescuelas segunda dignidad del cabildo, y que entonces era el gefe principal de la Universidad y el cual desempeñó hasta el año de 1705. En este mismo año fué nombrado obispo de Jaca el espresado *don Mateo*, y como sus achaques le imposibilitasen el dar cumplimiento á ciertos actos de su ministerio, DON NICOLAS que le acompañó siempre en el obispado, le visitó este enteramente por cuatro veces en comision y encargo suyo. Murió el *señor Foncillas* en 8 de mayo de 1717, y desde entonces se retiró DON NICOLÁS á su Iglesia, dejando todos sus cargos para prepararse á una buena muerte.

Cumplió durante su vida este virtuoso eclesiástico perfectamente los deberes que le imponia su ministerio como á sacerdote virtuoso, y muy particularmente la vigilancia que dice san Bernardo deben tener por sus ovejas los eclesiásticos guardadores y defensores de la grey cristiana, encaminando á sus ovejas por la buena senda valiéndose para ello de la correccion y de la doctrina, defendiéndolas por medio de la justicia y de la misericordia, y pidiendo en la oracion las conceda Dios sus dones celestiales y las libre de los asaltos del enemigo.

Despues de haber dado irrefragables pruebas de su saber y de haber desempeñado sus destinos con el mayor concepto, celo y estimacion tanto en la Universidad, cuanto en el cabildo (1) y visitas del obispado de Jaca, falleció DON NICOLÁS en la enunciada ciudad de Huesca el dia 3 de junio de 1736, sentido de todos los que tuvieron la suerté de admirar su talento y participar de sus virtudes.

(1) En su testamento dejó por heredero al cabildo, de dos huertos que poseia cerca de la ciudad en la alameda.

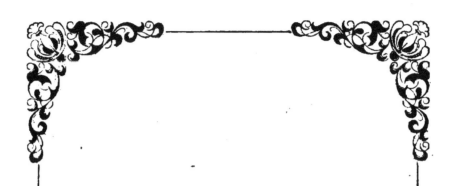

DON MAMÉS DE AZARA

LOSCERTALES Y FONCILLAS.

Catedrático de la Universidad de Huesca y Maestrescuela de su Sta. Iglesia.

Don Mamés de Azara Loscertales y Foncillas.

OLIM MEMINISSE JURABIT.

Qui sibi soli vivit, et ipse superfluus; nec homo, nec generis nostri. (Hom. 78 in cap. 26 Matth.)

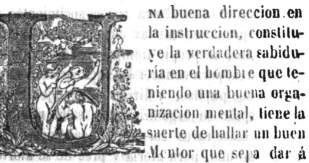

UNA buena direccion en la instruccion, constituye la verdadera sabiduría en el hombre que teniendo una buena organizacion mental, tiene la suerte de hallar un buen Mentor que sepa dar á su talento la direccion conveniente, preparándole á la ciencia con alimentos nutritivos, sazonados á su debido tiempo. La naturaleza, por otra parte, produce de vez en cuando seres privilegiados que sin necesidad de direccion saben encontrar la senda del templo de la sabiduría, y con la suficiente grandeza de alma desde su niñez para no dejarse arrastrar por el albago y seductor lenguage de las pasiones que tienden siempre á separar del buen camino al que tuvo la dicha de dar con él; pero tales seres son sumamente raros y por lo tanto es indispensable una buena guia para salir del lóbrego reino de las tinieblas á la bella y radiante luz del sol, evitando que su mismo esplendor ofusque y ciegue. Tambien la pródiga naturaleza dirigida por la poderosa mano de Dios, crea hombres con la singular gracia y el distinguido mérito de ser diestros directores de sus semejantes; dotándoles de una paciencia inperturbable, de suma virtud, de una afabilidad admirable, y de una facilidad portentosa para hacerse comprender y transmitir con dulzura sus conocimientos á los que se prometen educar en las sabias máximas, dotándolos, al propio tiempo, de la mas esquisita perspicacia para conocer las inclinaciones naturales de sus pupilos, y dirigirles al objeto para el que dispuso su organizacion la sabia naturaleza.

De estos raros seres que acabamos de describir fué uno, para gloria y prez de su afortunada familia, el virtuoso y sabio aragonés don Mamés de Azara, sacerdote de privilegiado talento para formarse á sí propio y para dirigir la buena instruccion de sus semejantes y en particular de su familia que le debe su educacion científica, y el haber dado, por su saber, lustre á su pais, gloria á su nacion, y aumento é inmortalidad á su ilustre alcurnia.

Nació DON MAMES en Barbuñales de Aragon el 17 de mayo de 1698, hijo legítimo de *don Miguel de Azara* y de *doña Isabel Loscertales*, los que educándole en el santo temor de Dios, procuraron que su primera instruccion fuese lo esmerada que podia ser en un pueblo tan reducido. Empero como desde muy niño manifestase un despejo natural superior á su edad, hizo concebir á sus padres muchas esperanzas, y no queriendo que su talento se obscureciese por la falta de instruccion necesaria para fecundarle, determinaron enviarle á estudiar á donde pudiera fortalecer su espíritu con buenas doctrinas. Hallábase de obispo á la sazon en la ciudad de Jaca, su tio *don Mateo Foncillas* prelado de reconocido talento, y en él puso la vista su padre para encomendarle la instruccion de su hijo. Determinado á ello, llevó á DON MAMES á aquella ciudad y el obispo que ademas de su amabilidad natural era muy amante de su familia, recibió con agrado á su sobrino y prometió dirigir sus estudios.

Al lado de tan ilustre Mentor, estudió DON MAMES la gramática latina y se impuso en los autores clásicos con tal prontitud y de una manera tan sólida, que al año y medio se halló en disposicion de entrar en conferencias gramaticales con su mismo profesor y con su tio, el que para hacerle lucir se divertia en que los famosos latinos que habia entre los canónigos y capellanes de su iglesia, le pusiesen las proposiciones mas difíciles, y de todas salia triunfante con admiracion general atendiendo á su corta edad y al poco tiempo en que se habia impuesto en tan difícil estudio. No sorprendia menos la facilidad con que interpretaba los puntos mas difíciles de los autores latinos, y el castizo y buen lenguage que empleaba en sus versiones, asi como la prontitud y perfeccion con que versificaba en el lenguage del Lacio, y la rapidez con que ponia en latin cuanto se le dictaba en castellano. A tan despejado talento reunia el jóven Azara una memoria tan prodigiosa, que por cualquier parte que se le abriese la *Iliada* ó la *Eneida*, dado el primer verso de un canto, le seguia sin interrupcion y sin la menor equivocacion.

Asombrado su tio con tan gigante imaginacion y talento, le hizo dar la certificacion de latinidad mucho tiempo antes del prefijado entonces para este estudio, tiempo al que él supo adelantarse, y deseoso de que no se detuviese mas aquel precoz talento en lo que ya sabia con perfeccion, le mandó con recomendacion á la universidad de Huesca.

Con igual éxito estudió allí la filosofía, en la que sostuvo actos públicos en los que quedaron vencidos acreditados ergotistas; y si el tiempo no detuviera al saber en las universidades en determinados límites que las mas veces es necesario guardar, la mitad bastara á don Mames para poderse presentar como un aventajado filósofo. A este estudio siguió el de la jurisprudencia civil y eclesiástica y pasados los años que prescriben las leyes universitarias, se graduó á claustro pleno de bachiller en ambos derechos. Como no fuera suficiente á su capacidad y deseo de aprender el estudio de estas facultades, à pesar de lo que las profundizó, se impuso al propio tiempo en las lenguas orientales á fin de poder conocer mejor los buenos autores de la culta Grecia, y el testo de los libros santos. Terminados los estudios de reglamento, se recibió de licenciado y despues de doctor en ambos derechos, cuyo acto que fué solemne y para el que sus padres no perdonaron gasto alguno á fin de que fuese lo mas ostentoso posible, tuvo lugar el año de 1720, no teniendo entonces mas que 22 años de edad.

A su gran capacidad y memoria unia DON MAMES una piedad esquisita, y decidido á dedicarse á Dios en el estado de sacerdote, se ordenó y recibió la casulla con el beneplácito y alegria de toda su familia. El año de 1722, fué admitido colegial en el real y mayor de *san Vicente Martir* de Huesca, y al año siguiente su tio *don Nicolás de Azara*, canónigo y prebendado en Torralva de la santa iglesia de dicha ciudad de quien hemos hablado, le dió la coadyutoria de su canongía y prebenda.

La córte tuvo noticia del talento y suficiencia científica del jóven sacerdote, y queriendo el rey aprovecharla en beneficio público, le confirió en 1725 la cátedra de decretales que en aquella universidad habia obtenido antes su tio *don Nicolás de Azara*, y poco despues la de sexto y vísperas.

El año de 1738 publicó en Barcelona, en la

imprenta de los herederos de *don Juan Pablo* y de *María Martí*, su obra titulada *Xistus juris civilis*, en un tomo en cuarto. En esta obra dejó para los jurisperitos una constante memoria de su pericia, erudicion y sutileza literaria. En ella se interpreta con suma perfeccion once leyes de diversos títulos de los *digestos*, y esplica con claridad otros asuntos jurídicos. Porcion de literatos elogiaron esta preciosa obra, siendo el que mas se detuvo en su exámen y el que mas la celebró, el ilustre escritor *don Alfonso Clemente de Aróstegui*.

Su estremada modestia, cualidad inherente al verdadero sábio, le hacia huir siempre de cuanto pudiese elevarle á dignidad, y contento con su cátedra, no aspiraba á otra cosa mas que á que le dejasen tranquilo en ella, pues su pasion favorita fué siempre el enseñar á los jóvenes los que le amaban con estremo, llamándole en la universidad el *Padre de los Estudiantes*; pero tanto mérito debia aparecer en otra esfera mas elevada para que fuese mas conocido y participase la humanidad de los bienes que podia proporcionarla. En efecto, conocedor de él el señor obispo de Huesca *don Plácido Bailes*, le nombró su vicario general, destino que le valió nuevos lauros por lo acertadamente que le desempeñó; pero este encargo, de suyo espinoso y que hubiera llamado toda la atencion de otro menos entendido, no le privó de regentar su cátedra con el mismo gusto y asiduidad.

Electo su protector, *don Plácido*, obispo de Plasencia, y deseando descansar mientras le llegaban las bulas de Roma, le nombró gobernador del obispado, eleccion que mereció no solo la aceptacion del cabildo, sino de toda la diócesis que admiraba sus virtudes. Durante su gobierno dió á conocer su genio y disposicion para dirigir una numerosa grey, y cuidar del esplendor de la iglesia, asi como para mantener la armonia y fraternidad en el cabildo y en todas sus dependencias. Cuando tan perfectamente gobernaba la iglesia de Huesca, falleció el capellan mayor de la misma, y el obispo Bailes confirió á don Mamés esta dignidad, pero como sabida la vacante en Roma se diese á otro sugeto, tuvo necesidad de seguir un pleito sobre la validez de su eleccion, en el que fué ayudado por el cabildo; pero le perdió y quedó destituido con sentimiento de su iglesia.

El año de 1745 le dió el rey la cátedra de prima de cánones de la universidad, y en julio de 1761 le nombró dignidad de Maestrescuela de aquella catedral, en la que se comprendia el rectorado de la universidad, destinos que unidos á su canongía, disfrutó hasta su muerte, y que le proporcionó el hacer con sus rentas muchos beneficios públicos, pues la caridad abrasaba su sensible corazon y su filantropía fué proverbial en Aragon. Dos vacantes de obispo ocurrieron en su tiempo en el episcopado de Huesca, y las dos veces le nombró gobernador el cabildo que le deseaba por pastor de aquella grey. Los obispos le consideraron tanto, que le consultaban todos los asuntos graves teniéndole por su mejor y mas sábio consejero, y esta privanza que por la preferencia que dá á un sugeto sobre los demas de su clase, siempre promueve celos y rencillas en los cabildos, jamás fué sentida de ningun canónigo, porque conociendo todos la supremacia de su talento, lejos de ofenderse de las consideraciones que se le tenian, ellos mismos le indicaban al prelado como el mas apto para resolver sobre cualquier punto dudoso ó difícil, y todos le pedian consejos en sus asuntos canonicales y particulares.

Porcion de veces se le ofreció una canongía en Zaragoza, pero á pesar de que este destino era mas pingüe que el que disfrutaba, no quiso nunca abandonar su iglesia, ni una ciudad que le era muy querida, máxime cuando su estancia en ella le proporcionaba la asistencia á la universidad que tantos lauros y satisfacciones le habia proporcionado. Obtuvo *don Mamés* el juzgado sinodal y de cruzada, en el que fué un juez recto y justificado, y aun cuando fué consultado para varios obispados, su resistencia á elevarse á esta dignidad, hizo que no se le nombrase por temor de una repulsa, pues tomada una determinacion en cosas que sentia en conciencia, no desmentia que era aragonés, en la energía y constancia con que sabia llevar á cabo sus decisiones.

A pesar de las graves ocupaciones que le rodeaban, no le privó del placer, pues á tal lo tuvo, de ser el Mentor y el sábio director de la instruccion de los hijos de su querido hermano *don Alejandro de Azara*, la que supo encaminar con tanto acierto, que sacó de ellos seis lumbreras que ilustraron su noble casa. En efecto, el célebre diplomático y literato *don José Nicolás*, el magnífico prelado *don Eustaquio*, el sabio naturalista, *don Felix*, el distinguido oidor *don Mateo*, el entendido vice-Maestrescuela de la universidad y presidente del cabildo de Huesca *don Lorenzo* y el virtuoso marqués *don Francisco Antonio*, le debieron su buena instruccion, y por ella los elevados puestos que ocuparon, pues á todos dirigió teniéndolos á su lado hasta que completaron sus primeros estudios.

Desde que cumplió los 60 años, empezó DON MAMES á padecer bastantes achaques propios de la edad y de la asiduidad y constancia con que toda su vida se habia dedicado al estudio, y aun cuando en esta época quiso reunir sus apuntes y observaciones, para escribir algunas obras de derecho civil y canónico, las muchas ocupaciones que le rodeaban, y sus dolencias físicas le impidieron llevar á cabo su deseo, y así que solo nos quedó publicada la obra que hemos citado, si bien basta por sí sola para conocer la escelencia de su talento, y para concebir lo que hubiera podido aumentar las glorias literarias españolas, si hubiese sido menos modesto y si se hubiese dedicado á escribir. Los archivos de la universidad y de la catedral de Huesca hablan en favor de tan ilustre Azara, en los elocuentes y acertados informes y eruditas memorias que escribió sobre varios asuntos.

Despues de una vida agitada empleada en servicio de Dios y del público, y de haber sido todo lo útil que pudo á su familia, falleció don Mames el 23 de febrero de 1773, á los 74 años y meses de edad. La muerte de este virtuoso eclesiástico, ejemplo por sus loables prendas, humildad y saber de los de su clase, fué justamente sentida por los vecinos de Huesca, y por todo el pais, y muy especialmente por el cabildo y por la universidad, de cuyos cuerpos mereció el mayor concepto y estimacion. La patria le recordará siempre con elogio por sus virtudes y por los beneficios públicos que hizo observando la doctrina del Crisóstomo que citamos en el epígrafe de este escrito: *Nadie vive para sí solo, aquel propiamente vive que aprovecha para los otros, porque es supérfluo en el mundo el que manteniéndose á costa del sudor ageno, no tiene otro cuidado que el de no tener cuidado alguno.*

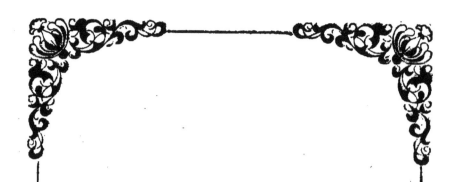

D. ALEJANDRO DE AZARA

Y LOSCERTALES.

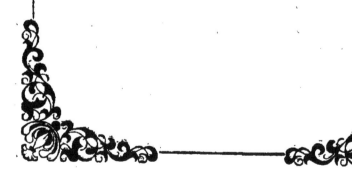

SEÑOR DE LIZANA.

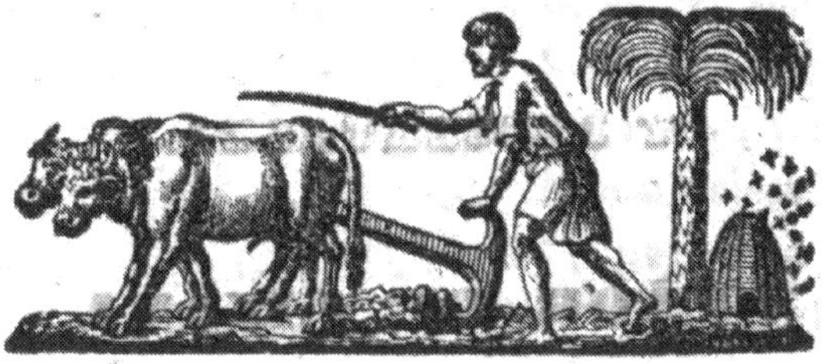

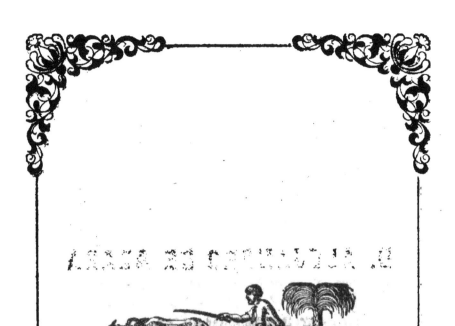

Ferrunt splendescat arando.

EXTINTUS AMABITUR IDEM.

Feliz el árbol cuyos frutos son todos sazonados, buenos y sin desperdicio alguno. (S. Dámaso.)

Si las virtudes y escelentes prendas de este digno vástago de los Azaras no le hicieran digno de todo elogio, bastaria para ensalzarle, el haber sido padre de seis hijos que supieron colocarse, por su saber, entre los hombres ilustres de Aragon, y en particular de uno del que dependió la suerte de la nacion y alguna vez la tranquilidad de Europa, de otro que describió las producciones naturales del Nuevo Mundo, y de un virtuoso prelado que supo civilizar y hacer la felicidad de la isla de Ibiza.

En el reino de Aragon, partido de Barbastro y en el pueblecillo de Barbuñales, lugar ilustre, como hemos dicho, por serlo de los mas célebres individuos de esta familia, nació el 14 de setubre de 1702 *don Alejandro de Azara*, hijo de *don Miguel de Azara* y de *doña Isabel Loscertales* y nielo de *don Martin* y de *doña Gerónima Foncillas.*

Sus padres procuraron instruirle en el santo temor de Dios y le educaron á propósito de que pudiera ser un buen agricultor, á fin de que supiese dirigir su casa despues de que faltasen, pero no por esto dejaron de darle la instruccion necesaria para que supiese portarse en la buena sociedad como miembro de una noble familia, cuyos antecesores habian sabido mantener los heróicos blasones que les distinguia, como buenos y leales caballeros aragoneses.

La casa de los Azaras en los tiempos de don Alejandro, era una de las mas acomodadas y principales del pais, y como tal se la consideraba, y la mas rica del pueblo por el número y escelente calidad de sus tierras y por la mucha gente que ocupaba en su labor; de suerte que era preciso suma inteligencia de parte del señor, para saber dirigir los trabajos que habian de acrecentar su hacienda y hacer la felicidad de sus criados y de sus colonos.

A los muy pocos años, se impuso DON ALEJANDRO en los buenos principios de agricultura conocidos entonces, y lejos de entregarse á la vagancia como acontece generalmente á los señoritos hidalgos de los pueblos en las casas ricas, puso todo su conato en hacer observaciones y en estudiar las buenas prácticas y los pocos autores agrónomos que entonces se conocian, procurando seguir en todo el ejemplo de virtud que le daba su buen padre. Sus escelentes cualidades, entre las que sobresalia su paciencia para con sus criados y su afabilidad con todo el mundo, le hicieron desde muy jóven querido de aquellos y apreciado de cuantos le trataban.

Era costumbre muy general en el siglo pasado entre los nobles y aun entre los plebeyos, aun cuando con diferentes motivos, el casar de corta edad á los hijos, porque se creia que el estado del matrimonio debia tomarse pronto, á fin de evitar que se viciasen los jóvenes acosados por las pasiones que asaltan al hombre en la juventud, como si el estado fuese capaz de contener su ímpetu cuando el corazon se traslimita por un natural fogoso, ó por no haber sabido contener sus primeras escitaciones por medio de una bien dirigida educacion, y como si todos los hombres nacieran con iguales inclinaciones, con el mismo caracter y con idéntico genio y temperamento. Dejando aparte para los filósofos y moralistas el discutir y decidir las ventajas ó perjuicios de casar á los jóvenes antes de que la conviccion les haga, por medio de la edad, conocer las bondades del matrimonio; y sentado que nosotros, por los reiterados ejemplos que podriamos citar por desgracia, estamos porque debe tomarse estado cuando esté enteramente formada la razon del hombre para saber el empeño que vá á contraer, diremos que DON ALEJANDRO contrajo matrimonio á los 21 años, edad no tan corta sin embargo como en la que se acostumbraba, y en la cual el despejo y talento de este jóven se habia anticipado á sus años.

Casó Azara en 3 de noviembre de 1723 con *doña María Perera*, jóven virtuosa del mismo pueblo, y cuya noble cuna igualaba en hidalguía á la de su esposo. Tenia esta bella señorita 18 años de edad al contraer matrimonio, pues que habia nacido el 24 de octubre de 1705, y ya prometia ser una buena madre de familias, como lo fué en efecto.

Despues del fallecimiento de su padre, heredó DON ALEJANDRO la casa, porque aunque *don Mamés*, de quien hemos hablado, era el hermano mayor, este dedicado al servicio de Dios en el estado del sacerdocio y teniendo con su canongía de Huesca lo suficiente para mantenerse, le cedió la primacía generosamente.

Si una numerosa familia destruye por lo comun la casa mejor acomodada, ó al menos detiene su progreso, no sucedió esto en la de DON ALEJANDRO, que supo arreglar la suya de tal modo, que sin echar mano de medios miserables, estableció una prudente economía que hermanó con su fecundidad en un principio, teniendo la suerte, que pocas veces acontece, de que esta misma fecundidad, acrecentase despues el valor y capital de su casa.

Seis hijos y una hija fueron el fruto de este matrimonio que tuvo la felicidad de verlos á todos colocados antes de su muerte, y haciendo un papel brillante en la sociedad por los buenos puestos á que supieron elevarse por sus virtudes y talentos. Si bien nada descuidaron estos padres para educar bien á sus hijos, debieron en gran parte, sino en toda, su instruccion, á la proteccion que les dispensó y á la sábia direccion del virtuoso canónigo de Huesca *don Mamés de Azara* hermano de DON ALEJANDRO, que al tiempo conveniente los llevó sucesivamente á su lado y supo dirigir sus talentos á los carreras para que habian nacido dispuestos, lo que consiguió por el estudio y observacion que hizo de sus inclinaciones naturales.

Fueron hijos de tan dichoso matrimonio, *don Eustaquio de Azara* que llegó á ser obispo de Ibiza y despues de Barcelona, en cuya silla murió; *don José Nicolás*, célebre literato y diplomático, gran cruz de las órdenes de Cárlos III y de Malta, embajador de España en Roma durante cuarenta años y despues en Paris, en cuya corte, en tiempo de la República, representó con igual caracter á las córtes de España, Portugal, Parma y otros estados, y el cual fué tenido por el mas sagaz y sábio diplomático de su siglo; *don Felix*, sábio naturalista, cuyas obras se han traducido en todas las lenguas de Europa, el que llegó hasta brigadier de la real Armada, habiendo desempeñado por encargo de España y Portugal la demarcacion de límites de los estados de ambas naciones en el Paraguay y Rio de la Plata, paises de América en que estuvo veinte años; *don Mateo*, que despues de haber hecho grandes beneficios á Barbuñales, pueblo de su naturaleza, murió siendo oidor de la Audiencia de Barcelona y caballero de la órden de Cárlos III; *don Lorenzo*, canónigo de la santa iglesia de Huesca, presidente de su cabildo y Maestréscuelas de la universidad; *doña Mariana*, virtuosa señora que casó con *don José Bardagí*, de ilustre cuna y del cual tuvo seis hijos, de los cuales el uno *don Dionisio*, llegó á cardenal de la santa iglesia de Roma, y otro *don Eusebio*, el que despues de haber sido embajador de España en varias córtes, fué dos veces ministro de Estado en Madrid; y por último, *don Francisco Antonio* heredero de su hermano *don José Nicolás* en el marquesado de Nibbiano y en la casa de los Azaras, hombre de buena instrucion y de especial virtud.

Despues de haber gozado DON ALEJANDRO de la satisfaccion de tan honrosa descendencia, pasó á mejor vida el 13 de julio de 1778, á la edad de 75 años, un mes y 14 dias, y á los tres años y medio le siguió su virtuosa esposa que falleció el 7 de diciembre de 1782, á los 77 años, un mes y 14 dias de edad. Ambos esposos fueron de claro y sólido talento y honradez, y por esto y por las demas bellas cualidades que les adornaron, gozaron durante su vida, de la estimacion y aprecio público, y disfrutan aun hoy de *una buena memoria en el pais que tanto le amó.*

ILMO. SEÑOR

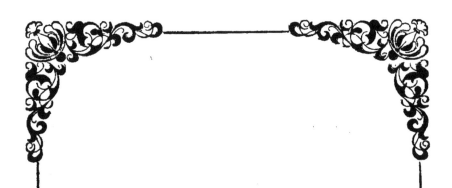

DON EUSTAQUIO DE AZARA,

Obispo de Ibiza y de Barcelona.

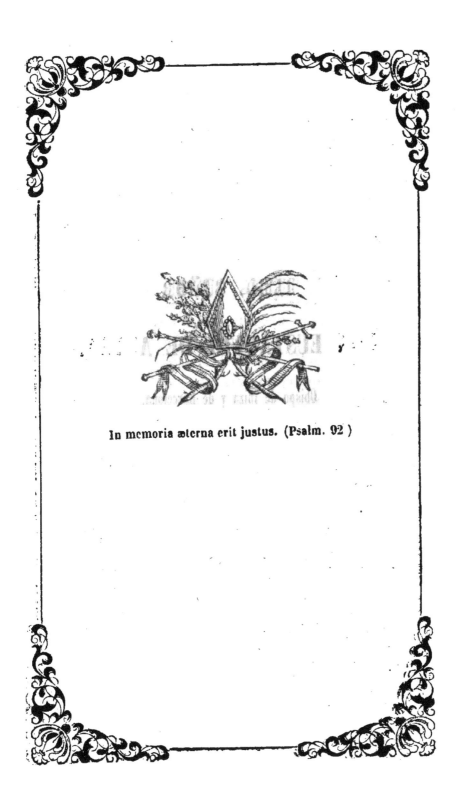

In memoria æterna erit justus. (Psalm. 92)

Ilmo. Sr. D Eustaquio de Azara, obispo de Barcelona.

Orbe rélicto accesit coelo.

Non recedet memoria ejus, et nomen ejus requieretur á generatione in generationem. (Eclesiast. cap. 39 v. 13.)

PUEDEN llamarse felices los padres que producen un hijo destinado por la Providencia divina á ser ornamento de la sociedad por su saber y virtud, y á ocupar un lugar distinguido entre los hombres ilustres de su pais, pero aun son mas dichosos aquellos que como *don Alejandro de Azara* y su esposa *doña María Perera* dan el ser á siete, y todos se hacen un lugar distinguido entre sus semejantes por sus hechos, logrando que sus méritos les inmortalicen y que sus descendientes se envanezcan con la gloria que les han legado. Afortunado fué ciertamente *don Alejandro* puesto que, antes de morir, vió perfectamente colocados, como digimos en su biografía, á sus seis hijos ocupando los mas de ellos importantes destinos en la república, virtuosos y estimados todos de sus compatriotas, y enlazada su única hija *doña Mariana* con la ilustre y antigua familia de *Bardagi*, de la cual y de su esposo *don José* tuvo seis hijos entre los que hubo un cardenal de la Santa Iglesia Romana, y un embajador en varias córtes y dos veces ministro de estado en Madrid, bien conocido por sus talentos diplomáticos, y no muy olvidado puesto que murió hace pocos años como veremos en su lugar.

Dejando aparte la gloria de padre tan dichoso vástago utilísimo á su pais, y rama fecunda en bienes de la antigua é ilustre casa de los Azagras y Azaras de Aragon, cuyo tronco desde los tiempos mas remotos se ha visto reverdecer con ricas, bellas y variadas flores, pasaremos á dar una noticia mas concisa de lo que desearamos y requeria el asunto, de la vida de DON EUSTAQUIO hijo mayor de los referidos *don Alejandro de Azara* y *doña Maria Perera*.

Nació este ilustre prelado en el pueblecito de Barbuñales en Aragon, el dia 19 de setiembre de 1727, siendo deseado por su familia que ansiaba por tener sucesion. Criado y educado por sus padres en los que solo veia ejemplos de virtud, fué creciendo nuestro *Azara* adquiriendo la fortaleza de ánimo que inspira la buena moral, y bien pronto dió á conocer por sus místicas y juiciosas inclinaciones, que habia nacido para ser un dia ornamento de la iglesia española. Luego que estuvo en disposicion, á pesar del sentimiento de su cariñosa madre que se lamentaba de tenerse que privar de la vista de su primogénito, le llevó su padre á la universidad de Huesca, deseoso de que en ella se robusteciese su alma con el sabroso manjar de la instruccion, á fin de que nutriéndose en las bellas letras, fuese un dia útil á su patria y á sí mismo. Hallábase á la sazon de canónigo de aquella Santa Iglesia y de catedrático de su universidad *don Mamés de Azara*, hermano de su padre, y sacerdote sumamente estimado por su saber y virtud como dejamos probado en su biografía, y á este escelente varon le confió su padre haciéndole el director de su primogénito, encargo que se tomó con gusto tanto con *don Eustaquio*, como con sus demas hermanos sucesivamente, y de lo cual debió estar muy satisfecho, puesto que todos sus sobrinos y discípulos, debiéndole la buena direccion en su instruccion, supieron dar honor á su tio y maestro.

Estudió DON EUSTAQUIO en esta universidad la filosofía y ambas jurisprudencias con grande aprovechamiento, y en ellas lució su talento y capacidad en una porcion de actos que defendió en academias públicas, llegando á ser tenido por uno de los escolares mas aventajados en las dos facultades y á merecer para ello el que se le nombrase consiliario de la universidad, cargo que desempeñó durante un año, con el mayor celo, sin que esta distincion le ensoberbeciese ni engrandeciese á sus ojos, porque la vanidad y el fausto, rara vez encuentran abrigo en las almas grandes.

Su caracter é inclinacion, le hicieron mirar el claustro con preferencia á las dignidades mundanas, porque veia en la vida contemplativa y devota el medio mejor de pasar el valle de lágrimas en que se hallaba con menos disgustos y penalidades, trabajando en servicio de la humanidad y bien de las almas, y preparándose á los goces de la vida eterna en el lugar de los justos. Si bien no dejaba de alhagar á sus padres el que su hijo se dedicase al Señor en el claustro, les dolia el tenerse que separar de él, y le hicieron mil reflexiones para separarle de su intento, manifestándole que sin necesidad de encerrarse en una celda, podia cumplir su propósito haciéndose sacerdote, pero como la vocacion de DON EUSTAQUIO fuese verdadera, nada pudo hacerle variar de resolucion, y resignados sus padres á ella, le dieron licencia para tomar el hábito en lo que le dieron el mayor de los placeres que podian proporcionarle porque su constante dicho cuando le hablaban de las cosas mundanas era: *Los bienes del cielo son los únicos que me llaman la atencion*, en lo que imitaba al religioso poeta italiano Bercini cuando en igual caso esclamaba:

LA DOLCEZZA DEL CIEL SOL MI INVAGHISSE.

Dispuesto todo al efecto, entró AZARA religioso benedictino, en octubre de 1748, en el real monasterio de *san Victoriano* en Aragon, acompañándole en el acto de tomar el hábito sus padres y su tio y maestro DON MAMES que habia ya pasado por las dignidades de vicario general del obispado, y sido dos veces su gobernador en las vacantes de la silla episcopal por nombramiento del cabildo. Habiendo profesado DON EUSTAQUIO despues del año de noviciado, no tardó por su talento en hacerse lugar entre los monges mas distinguidos de aquella órden que ha producido varones tan eminentes y sábios, y asi es que en los diez años que estuvo en aquel monasterio, obtuvo por eleccion unánime, y desempeñó todos los empleos y dignidades de comunidad á escepcion del cargo de abad.

Fué secretario de visita de todos los monasterios de la corona de Aragon y de Navarra; asistió en calidad de síndico dos veces á los capítulos generales de su congregacion, una por el monasterio de religiosas benedictinas de Jaca á la villa de Graus, en que se celebró el año de 1753, y otra por el suyo á Barcelona en 1756. Por su aficion al confesonario y al consuelo de las almas, se le nombró párroco del monasterio y lugar de los Molinos su anejo, y despues fué promovido al priorato de *Xarocum cura animarum*.

Durante su mansion en san Victoriano, ocurrió un terrible fuego que consumió casi todo el monasterio. En conflicto tan terrible, DON EUSTAQUIO lleno de un santo celo, espuso su vida multitud de veces para apagar el incendio, imitando en esto á san Juan de Dios cuando se quemó el hospital general de la ciudad de Granada.

Salió Azara de este monasterio para el real de *san Cugat del Valles* en Cataluña, por haberle concedido el rey en 1764 la dignidad de camarero mayor, cargo que desempeñó hasta 1772, en que se le nombró abad de los reales monasterios de *santa María de Amer* y *Rosas* en la misma provincia de Cataluña. Cuando obtuvo el destino de camarero en el imperial monasterio de san Cugat, fué nombrado á poco limosnero y en 1765 asistió por tercera vez en calidad de síndico al capítulo general en Barcelona en el que fué nombrado definidor de su congregacion, destino en que fué reelegido en el celebrado en 1771 en la villa de Graus de Aragon. Igualmente que á su hermano *don Felix*, fué honrado por las noticias que de su saber esparció la fama, con el título de socio de la sociedad aragonesa cuando esta se estableció en Zaragoza el año de 1776.

Fué tal el aprecio que hicieron de DON EUSTAQUIO los monges benedictinos, en cuya órden, plantel de sábios escritores cuyas obras han ilustrado al mundo, siempre se premió el talento y la virtud, que en el capítulo general celebrado en Barcelona en mayo de 1778, le nombraron definidor general de la órden, y en el que tuvo lugar en Graus en mayo de 1781, le eligieron por aclamacion presidente de la congregacion. Tantas honras y mercedes concedidas por una órden religiosa en favor de un individuo de su seno, son su mejor é imparcial elogio, y queriendo el rey seguir la buena opinion que de don Eustaquio tenia la órden benedictina, le nombró en marzo de 1784 abad del real monasterio de san Cugat del Valles, monasterio que le vió salir con sentimiento y que le volvió á recibir por gefe con entusiasmo, alabando y bendiciendo la acertada eleccion del soberano.

Su sábia direccion y la buena administracion que introdujo en el monasterio, le hizo ser uno de los mejores y mas sobrados de la órden, y los monges disfrutaron, durante su gobierno patriarcal, cuantos bienes podia proporcionar la santidad y austeridad del claustro. Admiradores los monges de los talentos de su abad, y reconocidos á sus beneficios, se empeñaron en retratarle y como por mas súplicas que hicieron no pudiesen conseguir de su estremada humildad se prestase á esto, llamaron á un retratista y sin que el abad lo supiese, le retrató desde un lugar oculto, de medio cuerpo arriba de cuyo original se sacaron despues muchas copias, siendo una de ellas la que conserva miniada en una caja de tabaco el actual marqués de Nibbiano su sobrino, de la cual se ha sacado el retrato que acompaña á esta biografía. Empero tantas virtudes y talentos no debian encerrarse en la estrechez de una celda abacial, sino brillar en campo mas espacioso en el que pudiese aprovecharse mas de ellos la humanidad de la que fué un padre cariñoso. El rey que deseaba proveer de buenos pastores á la grey cristiana, fijó la vista en el virtuoso abad de san Cugat, y en 1787, elevó á DON EUSTAQUIO á la alta dignidad de obispo de Ibiza, nombramiento que aplaudió todo Aragon y Cataluña y que celebró en una elegante oda la sociedad de Amigos del Pais de la ciudad de Jaca que le tenia por uno de sus mas ilustres individuos desde el año 1783.

Mucho sintieron los religiosos del monasterio de san Cugat, tener que renunciar al sábio gobierno de tan buen abad, y este el dejar su tranquila vida monástica y la soledad de su celda por la pesada carga de la mitra y por el palacio episcopal en el que el cuidado de un numeroso rebaño y su buena direccion piden toda la atencion de un celoso pastor, pero los unos se consolaron con ver honrada la religion benedictina en la justa elevacion de sus hijos, y el prelado con la idea de poder hacer mayores bienes á la religion de Jesucristo y á sus semejantes.

La isla de Ibiza recibió con júbilo á su nuevo prelado de quien concibió las mejores esperanzas tanto por su aspecto patriarcal y amable continente, cuanto por las buenas noticias que corrian de sus bellas cualidades y munificencia, y ciertamente que no se engañaron aquellos habitantes, para los que fué DON EUSTAQUIO un padre tierno y un angel protector.

Al entrar este ilustre prelado en su iglesia, se hallaba la isla en un abandono total por lo respectivo á ilustracion: apenas habia unas malas escuelas y la instruccion era casi nula, de suerte que se resentia en mucha parte la poblacion de este abandono é imperaba la estupidez y la ignorancia. La falta de los utensilios, instrumentos y herramientas necesarias, hacia estériles los trabajos agrícolas mal dirigidos, y peor entendidos por ignorarse las buenas reglas agrónomas: la industria no tenia brazos diestros ni talleres, no conociéndose ni aun las máquinas para hilar el finisimo algodon que produce el pais, el cual se torcia y elaboraba groseramente. El vino era de malisima calidad y escaso por carecer de las buenas clases de uva y del conocimiento de labrar las tierras bien y del método de hacer el caldo, y apenas habia árboles frutales. Consecuencias indispensables de la falta de estos conocimientos y de la ausencia de la civilizacion, era la gran miseria en que Azara encontró á sus diocesanos, que sumidos en el ocio, no procuraban los medios de salir de tan lamentable estado ni acertaban á dar con el camino que les condugese á mejorar de suerte. A la vista de tan triste y aflictivo cuadro, padeció estraordinariamente el caritativo corazon de DON EUSTAQUIO y empezó á idear los medios de reanimar aquella cadavérica poblacion y darla nueva vida de prosperidad duradera, proponiéndose imitar al patriarca José en la providencia para el sustento del pueblo, á Nohemias en la edificacion de los templos, á Noé en el régimen y á Moisés en la autoridad. A fin de conseguir su filantrópico y patriótico objeto, se puso de acuerdo con el gefe civil ó comisionado régio del pais, *don Manuel Cayetano Soler*, y combinado el plan empezó la regeneracion de la isla. Su primer cuidado fué mejorar su estado de miseria, procurando que de la península se transportase el trigo y demas cereales y sustancias alimenticias, tanto para acudir al sustento de las clases pobres por medio de un cómodo precio y de prestaciones y donaciones gratuitas, cuanto para proporcionar y aumentar el cultivo de los artículos de primera necesidad. Como para lograr estas ventajas pusiese en empeño sus rentas, no tardó mucho en conseguir cuanto deseaba y el piadoso fin que se habia propuesto. La instruccion pública fué su tarea favorita, y para empezar su mejora, señaló la mitad de los dias de la semana para ilustrar á las masas en la doctrina cristiana á cuyo fin tenia pláticas religiosas por las tardes en su iglesia, y mandó á todos los párrocos de su diócesis hiciesen lo mismo en las suyas respectivas en las que enseñasen diariamente á párvulos y adultos la santa doctrina. No contento con su continua visita á las escuelas, buscó maestros instruidos á quien encargar la educacion de la juventud, les dió un plan de instruccion que estribaba en sólidas bases, y no tardó en recoger el fruto de su sistema salvador. La enseñanza del bello sexo, hizo que fuera esmerada y cual convenia á su estado, poniendo al efecto hábiles y virtuosas maestras, y mas de cuatro madres de familia le deben la felicidad doméstica que disfrutan, y la ciencia grave y delicada de haber sabido educar á sus hijos haciéndolos útiles al estado y á sí propios. A fin de que la educacion fuese mas metódica y segura, estableció el seminario episcopal tridentino el que dotó con un buen plan de estudios. Para aliviar mejor la miseria pública de los huérfanos y pobres de solemnidad, fabricó un Hospicio capaz y regularmente dotado, y para que los fieles tuviesen mayor pasto espiritual, hizo edificar mas parroquias que las que encontró á su llegada.

A costa de no pocos sacrificios y de algunos disgustos, logró mejorar algunas bárbaras costumbres del pais, y desarraigar envejecidos vicios, poniendo en su lugar á la desairada moral y volviendo puras á la religion á algunas descarriadas ovejas que separadas por algun tiempo del camino de la virtud, se habian manchado en los cenagosos y hediondos lugares del vicio.

Proporcionando á los labradores los instrumentos necesarios y ausiliándoles con granos y plantas y aun con dinero, y alicionándolos al propio tiempo en las buenas máximas del cultivo y laboracion de tierras, tuvo el especial consuelo de que progresase la casi desconocida agricultura á los dos años de su estancia en la isla, y de ver que, continuando en tan buen camino, produciria aquel pais lo necesario de lo mas indispensable para sus habitantes.

Decia este sábio prelado, que todos debian ser labradores de un modo ú de otro, para que se cumpliese la disposicion divina: *tu sudore vultus tui vesceris pane*, la cual cumplen solo bien los que se ocupan en trabajar la tierra ó en ayudar con sus luces y caudales á los que la trabajan como lo practicó él en aquella isla, *Cano* en Segorve, los *Calderones* en Osma, los *Galvanes* en Zamora, los *Lasos* en Plasencia y otros santos é ilustres prelados que con la misma mano que bendigeron á sus queridas ovejas, las ayudaron en sus labores. La falta de herramientas pudiera hacer desmayar á los labradores, y á fin de evitar este grave mal, y de que no tuviese que buscarse fuera de la isla lo que pudiera egecutarse en ella, hizo llevar un buen número de fraguas completas á fin de establecer herrerias en los pueblos en las que hacer y componer las rejas de los arados y demas instrumentos de labranza. Pidió á la peninsula porcion de árboles frutales y de maderas de diversas clases, así como sarmientos de toda especie de vid; pero no tuvo el gusto de verlas plantar del todo porque fueron pocas clases las que le llegaron antes de salir de la isla.

Sabia muy bien DON EUSTAQUIO que donde no hay comercio no puede haber tesoros, y por lo tanto viendo que la indolencia en los ibizanos había pasado á ser naturaleza, y que hacian estribar su subsistencia en el sudor de los moros esclavos, razon por lo que todo escaseaba á pesar de su feraz suelo y abundancia de aguas; puso su conato en resucitar el casi estinguido comercio y lo consignió con su celo y constancia, lo que acredita su saber, atendiendo á que no hay máquina tan dificil de mover como la de un pueblo que asido á sus preocupaciones rehusa siempre abrazar el bien que se le propone. Tantos beneficios le grangearon el amor del pueblo de tal modo, que le victoreaban con entusiasmo por todas las partes por donde salia, y jamás se vió soberano alguno querido con mas verdad que este filantrópico y virtuoso prelado. Este ejemplo debieran imitar los hombres constituidos en dignidad y con facultades para hacer feliz al pueblo, y al llenar su deber para con Dios y el mundo, disfrutarian de la bendicion de un pueblo agradecido que es el mejor galardon á que debe aspirar un funcionario público. Asi es que estrañaba el virtuoso DON EUSTAQUIO que personas destinadas al régimen de los pueblos, no procurasen su bien ante todo, y aun mucho mas el que ignorasen lo que son artes y no se instruyesen suficientemente para saber distinguir las cosas por sus verdaderos colores á fin de no esponerse á malgastar los caudales del pueblo que administraban.

Dió don Eustaquio pruebas nada equívocas en Ibiza, de que preferia lo útil y provechoso á lo frívolo é ideal. Amigo del progreso de los conocimientos que enriquece á la par que ilustra á los pueblos, le ofendia infinito aquello de: *No lo han hecho nuestros antepasados ¿por qué hemos de hacerlo nosotros?* máxima perjudicialísima que al paso que perpetua los mas crasos errores y santifica la grosera rutina, ha tenido á muchos pueblos en la mas estúpida ignorancia y paralizado la marcha de la ilustracion y del desarrollo de la verdadera riqueza. Pero al paso que deseaba las mejoras, no trataba de imponerlas á la fuerza, acordándose de que *Melior est vir prudens quam fortis, de que mas consigue el sombrero que la espada*, y sabiendo que cuando hay recta intencion se consigue fácilmente todo bien: á esta sábia doctrina se atuvo para vencer todos los obstáculos.

Prelado de tal valía no podia permanecer olvidado en una isla de la metrópoli, á la que llegaron los inmensos bienes que hacia al pais; y deseando el rey premiar su virtud y aprovechar sus distinguidos talentos en la península, le nombró obispo de Barcelona en marzo de 1794. Lágrimas costó á los ibizanos la noticia de la promocion de su querido pastor, al que debian la felicidad que disfrutaban, y de cuyos talentos y filantropía aguardaban importantísimas mejoras. El dia en que el virtuoso obispo echó la bendicion de despedida á aquel pueblo agradecido, lloraban las gentes como si les hubiese acontecido la mayor desgracia; todos se apresuraban á besarle la mano, todos le pedian su paternal bendicion, y el prelado con los ojos bañados en lágrimas, á la vista de tanto amor y afecto, les prometió que á pesar de separarse de la isla jamás les abandonaria, pues en sus oraciones rogaria á Dios por ellos, y con sus intereses concluiria, en cuanto le fuera posible, la obra que habia empezado. Mantúvose el pueblo en el muelle hasta que perdió de vista la embarcacion que alejaba de la isla su mas preciosa y apreciable alhaja, y el prelado no cesó de bendecir á su querida grey, hasta que la distancia privó á su vista de aquella comarca, en la que dejaba una memoria inmortal grabada en sus innumerables beneficios.

El cielo condujo con felicidad la nave de aquel santo varon, que fué recibido en la populosa y rica Barcelona con el mismo entusiasmo que en Ibiza, máxime cuando ya en ella se le conocia por sus hechos, y cuando se admiraban en ella los talentos de sus sábios hermanos don José Nicolás, embajador en Roma, de don Felix, marino y escelente naturalista comisionado por España y Portugal en el Paraguay y Rio de la Plata para fijar los límites de las posesiones de ambas naciones en América, y de don Mateo de Azara, ya difunto, que habia sido oidor de aquella Audiencia. El antiguo abad de san Cugat del Valles dejó tan buen nombre en Cataluña, que cuando volvió á ella de obispo de su capital, todos conocieron la esperanza de mejoras de grande consideracion, pues todo se lo prometian de su distinguido talento, virtud é ilustracion.

No se engañaron ciertamente los que asi pronosticaron, pues hallándose Azara en un campo mas vasto para ejercer su piedad y filantropía y para desarrollar su pensamiento civilizador, destinó la parte de sus rentas que otros guardan para sí ó para enriquecer sus familias, á procurar el bienestar público y la instruccion de las clases pobres. Su generosidad se estendia á todas partes donde se necesitaban socorros; á los pocos dias de su llegada á Barcelona, mandó entregar al presidente de la junta de los Migueletes, tres mil duros para la manutencion de estos, pero como fuese tan modesto como generoso, previno á la persona encargada de hacer la entrega, que por título alguno digese la persona que los daba. Aunque el limosnero en comision procuró guardar el secreto, Dios no permitió que quedase oculto tal beneficio, y descubriéndole, quiso que pudiese citarse como ejemplo de paternal solicitud para que le imitasen los que están en el deber pudiendo, de socorrer las necesidades de sus compatriotas y hacer mas fea la conducta de los egoistas ó de los que se complacen en reunir tesoros cuando tienen hambre sus conciudadanos. Advirtiendo lo mal parada que estaba la instruccion pública por no tener un régimen metódico á que atenerse y por falta de buena direccion, escribió un sábio y razonado plan de estudios para dirigir la enseñanza de las letras, y le hizo poner en práctica en el colegio de san Pablo de Barcelona. El estudio de las lenguas orientales habia caido en desuso por falta de profesores hábiles y entendidos, y deseando resucitar la lengua de Moisés y la de Demóstenes, mandó á Roma á los monges benedictinos D. Fray Benito de Moxo, catedrático de sagradas letras de Cervera y D. Fray Antonio de Vulparda, lector del colegio de san Pablo, sugetos de su confianza y de despejado talento, para que aprendiesen bien las lenguas espresadas y se perfeccionasen en la *buena y sublime literatura.* La recomendacion que llevaron estos religiosos para su hermano el embajador, les proporcionó una buena acogida en los conventos de la órden y de los sábios profesores de lenguas y de literatura, que se tomaron tal interés en instruirles, que al año y medio estuvieron en disposicion de volver á España á enseñar lo que habian aprendido. Escusado será decir que los viages y estancia en Roma de los dos religiosos fué á costa del prelado y de su hermano don José, el cual les mantuvo y obsequió pródigamente en el tiempo de su aprendizage. Tan pronto como regresaron á Barcelona los dos religiosos, creó nuestro buen obispo dos cátredras de lenguas orientales á su costa y poniendo á regentarlas á aquellos, el público barcelonés y los estudiosos de otras partes que acudieron por esto motivo, tuvieron este nuevo beneficio que agradecer á tan magnífico señor.

Reinaba entre los caballeros catalanes en aquella época un espiritu bélico tan exagerado, que provocaba diarias pendencias, porque se exaltaba la vanidad, y pocos sabian refrenarse y vencer los impulsos de su amor propio. Nuestro prelado tomó á su cargo el entronizar la tolerancia civil y el hacer mas humanos y razonables á los catalanes, y lo consiguió afortunadamente haciéndoles concebir el proverbio de Salomon cap. 16, vers. 32: *Melior est patiens viro fortis: et qui dominator animo suo, expugnatore urbium.* (Mejor es el varon paciente que el varon fuerte, y el que sabe dominar á su ánimo que el espugnador de las ciudades)

Sabia bien este prelado la escasez de buenos libros, particularmente modernos que habia en las bibliotecas de los monasterios en que habia servido al Señor, y deseoso de que por esta falta no dejasen los religiosos de adquirir los necesarios conocimientos poniéndose al corriente de los adelantos del siglo, repartió su numerosa y escogida biblioteca entre ellos, é hizo comprar las obras mas selectas que se publicaban para aumentar aquellas y enriquecer la episcopal, que le debe muchos de sus tesoros bibliográficos. Su deseo de adquirir cuantos conocimientos pudieran servirle para hacer el bien, le impelió á leer cuantas obras se daban á la estampa relativas á la economía política, á la industria y á la utilidad pública, lo cual le valió el adquirir un gran caudal de conocimientos útiles, que procúraba aprovechar en beneficio de sus diocesanos.

Advirtiendo la estrechez con que lo pasaban algunos pocos sacerdotes, mandó dar tres pesetas mas á los que predicasen entre año en la catedral, en la que solo se daban dos pesetas por cada sermon, y que se diesen gratis en su secretaría de cámara los despachos á los pobres, supliendo de las rentas de la mitra los gastos y trabajo del secretario. Aumentó casi al doble las rentas de los tenientes de cura y otros eclesiásticos, llevando la máxima de hacer bien para hacer bien, no para grangearse elogios, razon por la que los aduladores que rodean, cual zánganos de colmena, á los prelados y magnates, perdieron el tiempo ó mas bien enmudecieron á la presencia del virtuoso don Eustaquio, de cuya boca oian diariamente: que faltar á la equidad era faltar á la primera obligacion del hombre y al blason mas distinguido de la persona que manda, siendo un crímen que no se borra ni espía con solo lágrimas, porque es preciso resarcir los daños.

Conforme lo habia prometido á sus apasionados ibizanos, no los abandonó ni un instante, y á fin de proporcionarles todos los beneficios posibles, les mandó buenas obras en que instruirse, multitud de árboles útiles, instrumentos de labranza, sarmientos de todas las clases de vid que se cultivaban en España, máquinas para hilar bien y con facilidad el algodon, telares y otra porcion de objetos útiles á la industria y á la agricultura. La prediccion que tuvo por Ibiza y su constante proteccion, á la que se debe en gran parte el buen estado de aquellas islas fué de tal naturaleza, que llamó muy particularmente la atencion del gobierno, el cual no pudiéndole premiar debidamente en vida, por fallecer cuando se pensaba en ascenderle á arzobispo de Burgos para cuya dignidad estaba consultado por la real cámara de Castilla, escribió á su hermano don José la carta que insertamos al fin de esta biografía, carta que hace por sí sola el mejor elogio de nuestro prelado y que bastaria para colocarle merecidamente entre los célebres españoles, y al lado de los ilustres protectores de la humanidad y de la civilizacion de los pueblos.

Como sus rentas estaban siempre dispuestas á emplearse en socorrer á los pobres y promover objetos de utilidad, las casas de beneficencia de Barcelona tuvieron, como en Ibiza, un cariñoso padre y un generoso protector, y los pobres no se acercaron jamás á su palacio sin lograr el consuelo que demandaban, porque practicaba á la letra la máxima de Jesucristo de que habla san Mateo en el capítulo 2, v. 21 de: *Da pauperibus et habebis thesaurum in celo*. Por esto fueron su principal conato los hospitales y hospicios, y los pobres sus ovejas tan queridas, que dió á estas casas en menos de dos años mas de diez mil ducados, siendo su pregunta diaria á todos sus amigos y familiares: *¿Cómo están mis pobres, les falta algo?* Las cárceles merecieron tambien su especial cuidado y las visitaba frecuentemente, á fin de consolar á los delincuentes con la palabra divina, hacerles ver la fealdad del crímen, y la brillantez de la virtud; y procurar con sus máximas santas y religiosas prácticas, separarlos de la torcida senda que habian tomado y que un sincero y verdadero arrepentimiento les volviese al camino de la gracia y al aprecio de la sociedad. Cuando padecia alguno persecuciones por haber sido justo, le defendia con calor y nunca tuvo la justicia mas valiente defensor pues seguia la máxima del Espíritu Santo de *pro justitia agonizare pro anima tua et usque admortem certa pro justitia*. (Dichoso aquel que supo pelear hasta la muerte por mantener la justicia. Pocos han tenido la satisfaccion de poder decir como él con san Pablo: *Neminem læsimus, neminem corrupimus, neminem circunvenimus*. Sus súplicas y mediacion libró de la muerte á algunos criminales condenados al último suplicio: sus generosos donativos cubrió muchas veces la desnudez y desabrigo de los presos, y por sus exortaciones se separaron á los jóvenes que empezaban la carrera del crímen por falta de buena direccion, de los que ya estaban avezados en él y le tenian por oficio, que reunidos todos formaban una infame escuela en la que el malvado aprendiz, se perfeccionaba para el mal con las lecciones de tan diestros maestros.

Como el imperio del bien es muy corto, no tardó Barcelona en perder el que le proporcionaba tan virtuoso pastor. Desde que llegó á Barcelona se apoderó de su cuerpo una debilidad de nervios acompañada de agudísimos dolores, los cuales le tuvieron postrado la mayor parte del tiempo sufriéndoles con la paciencia de Job y de Tobias. Esta tenaz enfermedad se fué agravando hasta que apoderándose de todas sus facultades, fué acometido de un accidente apoplético y falleció el 24 de junio de 1797, á los 69 años, 3 meses y 4 dias de edad, sumiendo en luto y desconsuelo á aquella heróica poblacion. Despues de que el afligido pueblo hubo comtemplado, segun costumbre, el cadáver de su prelado, se le condujo con toda pompa á la suntuosa iglesia parroquial de Nuestra Señora del Pino en donde se le dió sepultura conforme á su dignidad.

Si como dice san Agustin los elogios de los pobres son los mas seguros testimonios en favor de los muertos, pocos habrán sido mas elogiados de esta clase que Azara que fué de ella el padre mas tierno y cuidadoso. El cabildo le hizo unas solemnes exequias en la catedral el 30 del mismo mes pronunciando la oracion fúnebre el Doctor don Jaime Pelfort, canónigo de la misma santa Iglesia, cuya oracion, en la que se elogia debidamente al prelado mencionándose sus bellas cualidades y escelentes hechos se imprimió de órden del cabildo.

El grande amor que le profesaron sus familiares de quienes habia sido un padre cariñoso y mas bien un amigo que un gefe, les obligó á dar un testimonio público de su aprecio, y al efecto le hicieron á su costa otras solemnes exequias el 12 de julio del mismo año, en las que pronunció una elocuente oracion fúnebre el R. P. Fr. Alberto Vidal del órden de san Francisco muy afecto al difunto obispo, cuya oracion se inprimió tambien á espensas de los agradecidos familiares.

El virtuoso don Eustaquio fué humilde en su esterior, dulce y cariñoso en su trato, moderado en las acciones, modelo de buenos prelados y afable con cuantos llegaron á él. Las artes, las ciencias y la industria tuvieron en él un protector decidido y generoso, los pobres un consolador magnífico y la religion un defensor sábio y diligente, siendo apreciado en todas partes por sus virtudes, talentos, instruccion y bellas cualidades, entre las que campeó tambien su generosidad y desprendimiento, pues entre las muchas pruebas que pudiera darse, bastara citar que siendo el primogénito de la casa de Azara, renunció completamente á su herencia.

No solo se ocuparon en su elogio los espresados oradores y escritores españoles, sino que en algunos papeles publicados en Barcelona se consignaron sus hechos por aquel tiempo, los que constarán siempre en las actas y libros de aquella Santa Iglesia, en las de las casas de beneficencia de la ciudad y de todo el Principado, y sobre todo en la iglesia y establecimientos de la isla de Ibiza en donde se repetirá su nombre con elogio y bendito por el pueblo á quien tantos beneficios hizo, de generacion en generacion.

La honrosa carta en que de órden del rey don Cárlos IV, dió el ministro de Estado don Francisco Saavedra el pésame de la muerte de este santo prelado á su hermano el embajador don José Nicolás, cuya carta insertamos á continuacion con otra de este, son un legítimo testimonio público de los servicios religiosos, humanitarios y patrióticos de aquel celoso patricio y virtuoso prelado.

Las mejoras que introdujo en la espresada isla, y la noticia de su virtud y filantropía, llamaron la atencion de la vecina Francia cuyos escritores públicos le elogiaron y ensalzaron en los diarios y Gacetas, en los que se decia *que los talentos y virtudes parecian hereditarios en la familia de Azara*. Justísima es esta observacion de los autores franceses que tenian á la vista, cuando esto escribian, á su hermano don José Nicolás, nuestro embajador cerca de aquella república y el diplomático mas eminente y glorioso de su siglo, y que tuvieron lugar poco despues de admirar el talento despejadísimo de su otro hermano don Felix, sábio naturalista y hombre de gran ciencia, y de una afabilidad estraordinaria; pero ninguno hasta nosotros ha tenido la gloria de escribir y publicar su biografía, honor que nos ha cabido con todos los ilustres miembros de esta familia. Si los demas hermanos Azaras, siguieron la buena senda que estos les marcaron y procuraron imitarles, estos tres fueron los astros mas luminosos de la familia de los que puede decirse con el Eclesiástico segun sentamos en la sentencia latina con que empezamos esta biografía de que: *su memoria no se borrará y pasará de generacion en generacion.*

Carta de don Francisco de Saavedra, ministro de Estado de Cárlos IV, á don Nicolás de Azara, dándole el pésame en nombre del rey, por la muerte de su hermano don Eustaquio, obispo de Barcelona.

«Excmo. Sr.—Han merecido el mayor aprecio del rey los relevantes servicios hechos por el reverendo obispo que fué de Ibiza don Eustaquio de Azara, hermano de V. E., en el restablecimiento de aquellas islas, sin haberse separado un dia del ministro comisionado don Miguel Cayetano Soler, en los seis años que permaneció en aquella silla, para ausiliar con su persona y caudales la felicidad que iba formando á sus miserables feligreses, cuyo logro apresuró despues desde Barcelona, dirigiendo al mismo ministro considerables acopios de árboles y sarmientos de las mejores especies para la plantacion de viñas; de instrumentos de agricultura; de máquinas para hilar el finísimo algodon que producen las mismas islas; de fraguas completas para establecimiento de herreros en la campaña, y otros apreciables donativos que resultan por menor en el exacto inventario de cuanto se ha ejecutado en dichas islas, é inmortalizaron el caritativo celo y amor al servicio del rey y de la patria que ocupaba el corazon de tan distinguido prelado. Su anticipada muerte y la atencion que exigen los enunciados servicios, han inclinado el real ánimo de S. M. á mandar se manifieste asi á V. E., y que en su real nombre le dé las mas espresivas gracias, como lo ejecuto, para suplir en el modo posible la justa demostracion que hubiera hecho el rey á su hermano si hubiese existido, y para el debido consuelo y satisfaccion de V. E. Dios guarde á V. E. muchos años. Aranjuez 27 de mayo de 1798.—Francisco de Saavedra.—Sr. D. Nicolás de Azara.»

Mitto coronatas gloria mæsta comas.

Carta de Azara á don Francisco de Saavedra.

«París 10 de junio de 1798.—Excmo. Sr.—Muy señor mio: no ha llegado hasta este dia á mis manos la carta de V. E. de 27 de mayo, en que me espresa haber merecido de la bondad del rey, particular estimacion, los servicios prestados por mi difunto hermano don Eustaquio, mientras fué obispo de Ibiza y de Barcelona, trabajando con tanto esmero por la felicidad de aquella isla, de acuerdo con el comisionado por S. M. *don Miguel Cayetano Soler*.

«La pérdida de mi amado hermano, ha sido para mí un golpe que lloraré todo el resto de mi vida, pero me será de grande alivio que S. M. haya conocido su mérito y sus servicios, uniendo su aprobacion á la justicia que el público habia ya hecho á aquel prelado, digno de mas larga vida. Mi familia conservará preciosamente esta demostracion de S. M. y servirá para que con mas empeño nos sacrifiquemos en su servicio y en el de la patria.

«Ruego á V. E. que me ponga á los pies de nuestro amo, espresándole mi reconocimiento; y V. E. reciba las gracias que le debo por haberme proporcionado esta nueva gracia de S. M.

«Quedo para servir á V. E., y ruego á Dios etc.—J. N. de Azara.»

Nota. En el periódico francés *L'Ami des Lois*,

18 Prairial an 6.° núm, 1023, se lee el elogio siguiente de don Eustaquio:

Tuvo por compañero (se habla del ministro Soler) de sus útiles fatigas, un prelado dotado de una filosofía amable: este fué el obispo de Ibiza, hermano del caballero Azara, en cuya familia *parece que son hereditarias las virtudes y los talentos.*

Ex virtute honor.

Initium sapientiæ timor domini
memento mori.

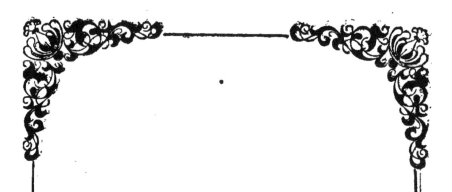

DON JOSÉ NICOLÁS DE AZARA

Y PERERA.

Primer marqués de Nibbiano, gran cruz de las órdenes de S. Juan y de Cárlos III, &c., &c.

Sibimet superstes.

D. JOSÉ NICOLAS DE

AZARA.

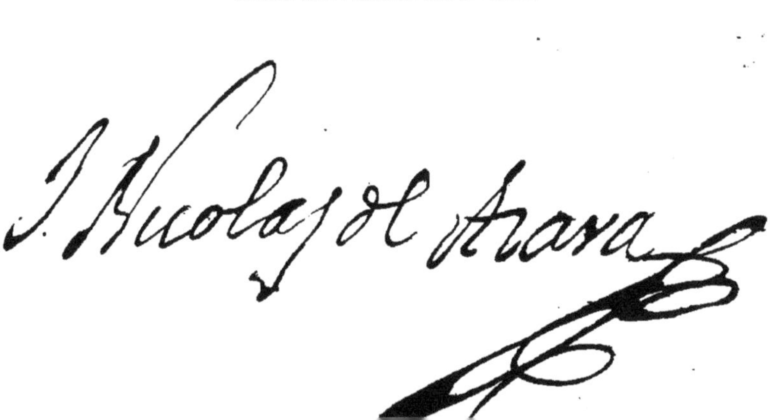

POST INGENTIA FACTA DEORUM IN TEMPLA RECEPTUS.
(Horat.)

¿Podré callar cuando de Azara al nombre
la Europa entera rinde el holocausto?
¿Cuándo Francia é Italia inmortalizan
su caro nombre entre sus dignos fastos?
¿No es posible que calle, cuando cantan
plumas y lenguas mil: cuando reparo
que el sonoro clarin al aire esparce
de la fama el elogio mas bizarro;
la fama, sí, la fama inmortaliza
de Azara el nombre, todos sus paisanos
corren por verlo, todos á porfía
le salen al encuentro por los campos,
y hasta las mas altivas poblaciones
se compiten por verle y obsequiarlo.
(Iriarte, elogio de Azara. Oda.)

EL luminar mas refulgente de la familia de los Azaras en los tiempos modernos, es indudablemente don José Nicolás, célebre diplomático y distinguido literato español, el cual figuró por su talento y elevada posicion en el mundo político en primera línea, dando á su novilísima familia nuevos timbres y esplendor y no poca gloria á su patria. Empero como por la generosidad de su ilustre sobrino don Agustin de Azara, heredero de sus títulos y virtudes, hayamos escrito muy por estenso su historia civil y política en una obra que, con el lujo y decoro que exige el glorioso nombre de tan benemérito español, se imprime al presente, nos sugetaremos en este lugar á hacer una sucinta biografía de nuestro héroe para colocarle en su debido lugar entre sus ilustres hermanos y parientes, á fin de completar con la relacion sencilla de sus hechos el Panteon de tan respetable como venerada familia, honra de Aragon y gloria de España, cuya divisa puede ser:

SPLENDET IN ORBE DECUS.

D. JOSE NICOLAS DE AZARA, primer marqués de Nibbiano, nació en Barbuñales, pueblo cerca de Barbastro en Aragon, de una familia ilustre, el 5 de diciembre de 1730.

Estudió Azara en la universidad en Huesca en la que recibió los grados de la jurisprudencia, nemine discrepante, y ya doctor en ambas facultades, pasó á ser colegial mayor del de Oviedo de Salamanca, del que fué bibliotecario y en el que se dió á conocer por su singular talento, siendo muy querido de los artistas, entre los que debe tambien contársele, pues ademas de dibujar perfectamente, grabó láminas en cobre con mucha limpieza y correccion desde la edad de 14 años.

Diez años estuvo Azara en el colegio de Salamanca en el que puede decirse fué autor del buen gusto y método, que tomándole por modelo, empezó en aquella época á estenderse en la literatura y las universidades de España.

Llegada á la córte la noticia de la buena opinion literaria y profundo talento de Azara, fué nombrado por Cárlos III, en marzo de 1760, oficial de la secretaría de Estado y secretario del rey y de su consejo, y en este nuevo encargo dió á conocer lo elevado de su talento, y las grandes disposiciones que no tardaron en colocarle entre los primeros y mas sábios diplomáticos de Europa.

En octubre de 1765, fué nombrado agente general de España en Roma siendo papa Clemente XIII, y desde su entrada en esta ciudad, dejó conocer de tal modo su disposicion diplomática y su talento, que no hubo literato, artista, ni persona de alguna nota que no le rindiese homenage y procurase su amistad, sin esceptuarse los cardenales, el anciano pontífice y los reyes y príncipes de Europa que visitaron aquel pais. Uno de los soberanos que se tuvieron por mas honrados con su amistad, fué el emperador de Alemania José II en sus viages de 1769 y en el de 1783, en cuya época logró de él suspendiese una reforma que pensaba hacer en sus estados, la cual perjudicaba mucho á los derechos de la silla apostólica. Hizo de él tambien el mas alto aprecio la emperatriz de Rusia Catalina II, los reyes de Suecia y de Dinamarca, y de Cerdeña, el gran Federico de Prusia y Pablo I emperador de Rusia.

Muerto Clemento XIII, influyó poderosamente para la elevacion de su amigo el cardenal Ganganeli que fué elegido papa en mayo de 1769, y desde entonces puede decirse dependieron de Azara los asuntos mas graves del Vaticano, pues el papa le consultaba en todos. Instituida en setiembre de 1771, la real y distinguida órden de Cárlos III, fué Azara uno de los primeros caballeros pensionados de ella. En 1773 fué nombrado consejero de hacienda, de cuyo empleo tomó posesion en Madrid en junio del año siguiente, época en que vino á la córte despues de haber pasado por Parma y por París para desempeñar en ambas córtes una mision diplomática.

Con la elevacion al pontificado del cardenal Braschi, con el nombre de Pio VI, verificada en febrero de 1775, en cuyo nombramiento influyó poderosamente Azara, creció el poder de este en la córte de Roma, pues Pio VI, que le tuvo hasta su muerte por su mas intimo amigo, en lo que no se engañó, se asesoraba de él en todos lo negocios de intereses, desde que volvió á Roma en agosto de 1776 á continuar en su agencia por el gobierno español, la que en diciembre del mismo año se convirtió en encargado de negocios, por haber sido nombrado el embajador conde de Floridablanca, su amigo, ministro de Estado, siguiendo de secretario, despues, del nuevo embajador duque de Grimaldi.

Trabajó Azara en la beatificacion del venerable don Juan de Palafox, escribiendo unas reflexiones sobre la misma, que se imprimieron en Roma en 1777. Por este tiempo celebró el nuevo concordato sobre dispensas y gracias tan útil y necesario á España, y entusiasta por las antigüedades, mandó hacer de su cuenta en 1779, las primeras escavaciones en el sitio en que estuvo Tívoli, antigua ciudad de los pisones, de las que estrajo preciosas obras del arte, entre ellas el retrato auténtico de Alejandro Magno, único en su clase, que regaló á Napoleon y ha sido mirado como una de las principales preciosidades del museo de París.

Nombrado en 1784 ministro plenipotenciario en Roma con retencion de la agencia, Bailio y gran cruz de la órden de san Juan de Jerusalen, y en noviembre de 1780 consejero de estado de que obtuvo plaza efectiva en setiembre de 1795, se halló ya en el rango que exigian sus esclarecidos talentos, reconocidos ya por casi todos los cuerpos científicos, literarios y artísticos de Europa, que le habian recibido en su seno como á uno de los sábios mas recomendables de Europa. De mucho consuelo fué Azara á las princesas Adelaida y Victoria, tias del desgraciado rey de Francia Luis XVI, que se retiraron á Roma huyendo de la revolucion, y no sirvió de poco al conde de Provenza (Luis XVIII) que con pretensiones á la corona de Francia, era gefe de los realistas de esta nacion, á cuyo príncipe favoreció España, bajo mano, por medio de Azara.

Habiendo ocupado los franceses en 1796 el norte de Italia á las órdenes del gran capitan del siglo XIX, Napoleon Bonaparte, se dispusieron, á fines de mayo del mismo año, á marchar sobre Roma para apoderarse de ella. Consternada esta ciudad y mucho mas el papa Pio VI, creyó que nadie podria mejor que Azara parar la cólera del vencedor y librar á Roma de un desastre, tanto por la confianza que tenia en sus elevados talentos diplomáticos, cuanto por su caracter de embajador de España, cuya córte era entonces amiga y aliada de la república francesa. Elegido Azara para cargo tan espinoso y dificil con el beneplácito de Roma entera que le aclamó su libertador, salió para Milan á avistarse con Bonaparte, general del ejército conquistador.

Si bien el genio impetuoso de este genio protegido de la fortuna, no recibió al mediador, luego que supo su mision, con aquel aplomo y diplomacia que caracterizó despues á este héroe, quedó tan sorprendido de la arrogante energía y talentos especiales de Azara, que viendo en él un hombre grande y digno de todo respeto, no solo accedió á sus pretensiones, sino que le hizo su amigo, inaugurándose en aquella época entre ambos la íntima amistad que les unió despues.

La gloria de Azara en Roma, luego de conseguidos sus deseos, fué la de un héroe vencedor: Roma le aclamó su libertador con entusiasmo y nombrándole uno de los 60 nobles patricios romanos del senado, se le estendió un honroso diploma, que le fué presentado con toda solemnidad, en el que se le comparó, entre otros, al dictador Camilo que salvó á Roma de los galos. No contenta Roma con prodigarle este honor, hizo grabar estampas en su memoria representándole como á su libertador, y en prueba aun mas de su gratitud, hizo acuñar una medalla con su busto y con esta leyenda en el anverso: «JOSEPHUS NICOLAUS AZARA EQUES HISPANUS,» y en el reverso una corona de oliva, en cuyo centro se lee: «PRÆSIDIUM ET DECUS ROMÆ 1796.»

Como, en lo general, no hay cosa mas impresionable que el pueblo á las sugestiones de los malévolos cuando por su solo interés invocan las santas palabras de libertad é independencia, no tardaron estos en indisponer á los romanos contra los franceses, y rompiendo los tratados estipulados con Azara, á pesar de las juiciosas y sábias reflexiones de este, se enconaron de tal modo contra el que pocos dias antes llamaron su libertador, que si no saliera de Roma prudentemente á tiempo, le hubieran asesinado. Salvándose Azara en Florencia, adquirió la amistad de José Napoleon, rey que fué despues de España, que se hallaba de embajador en aquella ciudad, y restituido, luego que se pasó el tumulto, á Roma, tuvo el honor de que José se alojase en su casa como en la de un amigo, cuando despues fué de embajador.

Apoderados de Roma los franceses y arrestado el papa Pio VI el 16 de febrero de 1798, Azara logró se tratase al gefe de la iglesia católica con alguna consideracion y consolándole siempre en su arresto, dejó á Roma un mes despues cuando sacaron de ella al papa, para ir á Florencia. Sabiendo que este se hallaba prisionero en Siena, fué á consolarle Azara, y dispuso al achacoso pontífice de tal modo para el caso de que muriera, que trabajó con él una bula á fin de preparar la eleccion de un nuevo papa, para librar á la iglesia de trastornos y por hallarse dispersos los cardenales, se encargó el mismo Azara de recoger sus firmas, lo que consiguió. En este asunto trató Azara, segun dice en sus notas manuscritas y memorias, de preparar una eleccion útil al catolicismo en el estado en que se hallaban las cosas, para el caso en que muriese Pio VI, lo que se veia venir pronto; se eligiese un sucesor agradable á todas las naciones y que pudiese residir en alguna parte accesible á todos, menos en los estados del emperador, en los que no solo oprimiria su poder la libertad del pontífice, si no que daria celos á los otros soberanos católicos: afortunadamente fué elegido despues Pio VII sin obstáculo alguno. Con este importante asunto concluyó el ministerio de Azara en Roma, en el que estuvo 32 años, y abandonó una ciudad que como él dice «miraba como su segunda patria y en la que hubiera muerto á no ser por aquella estraña revolucion.»

Nombrado Azara en 1798 embajador de España, cerca de la república francesa, por Cárlos IV, á instancias de don Manuel Godoy, príncipe de la Paz, partió de Florencia para París en abril del mismo año, y llegó á esta córte antes de concluir el mes, siendo perfectamente recibido por todas las clases y muy particularmente por los diplomáticos, los artistas y los literatos; que le apellidaban el patriarca de la literatura, de las bellas artes y de la diplomacia de su época. Apreció tanto el directorio el nombramiento de Azara de embajador por España, que á pesar de no dar audiencia mas que una vez al mes y haber ya pasado la correspondiente á aquel, dió una estraordinaria para recibirle, lo que no habia hecho ni volvió á hacer con embajador alguno, no permitiendo, para hacerle mas honor, dar en el mismo dia entrada á los diplomáticos de Alemania que tenian pedida audiencia.

Conociendo el rey de Portugal que nadie como Azara podria arreglar sus diferencias con la república, le nombró su embajador en París en mayo del año de su llegada, y así sucedió en efecto, pues á pesar de las muchas dificultades que habia y del empeño de algunos en hacer la guerra á Portugal, pudo vencer al directorio; y por último, este le encargó el hacer esta importante negociacion. No contento con esto y deseoso de que se restableciese la paz general, propuso por escrito al directorio un plan que sino tuvo las consecuencias que se habia propuesto, mereció la aceptacion de España y de los embajadores de las demas potencias, y el beneplácito del mismo directorio que hacia siempre honor á sus propuestas.

Rotas las hostilidades entre la Puerta Otomana y la Francia, los turcos encarcelaron y trataron terriblemente á los franceses, y como el gobierno de la república quisiera mejorar la suerte de los suyos, recurrió á Azara el que por medio de su amigo don José Buligni, encargado de negocios en Constantinopla por España, pudo establecer un método para socorrer á los franceses que sufrieron aquella desgracia; pero como no se hallase banquero en Turquia que quisiese dar dinero á Buligni, á pesar de haber sido investido por el gobierno francés al efecto, ni tampoco al ministro francés Taillerand, fué preciso para lograrlo, que las letras se librasen contra Azara, el que se convirtió en banquero entre los negociantes turcos y el gobierno francés y las familias de los que sufrian la esclavitud en Turquia.

Sufriendo estraordinariamente el papa Pio VI en Grenoble donde le tenian preso, escribió á Azara para que alcanzase del directorio que le dejasen morir allí en paz, pues no podia ya sufrir las violencias del viage; obtuvo Azara por su influjo con el gobierno lo que el papa deseaba; pero cuando le llegó al pontífice la órden de suspender el viage, ya estaba en Valencia del Delfinado de donde no pudo pasar, y donde falleció lleno de angustia, á la edad de 84 años. Al saber su muerte Azara lo sintió estraordinariamente y bajo el consulado de Napoleon solicitó y obtuvo del gobierno francés, que el cadáver de este papa fuese traslado á Roma para que gozara del honor del sepulcro de sus predecesores.

Fué tal el aprecio del directorio hácia Azara, que cuando las escuadras francesa y española debian de obrar reunidas, mandaba á los oficiales del ministerio de Marina á su casa á trabajar bajo sus órdenes: á sus instancias mandó tambien disolver el club revolucionario del *Picadero*, que se atrevió á predicar y proponer la guerra contra España para encontrar recursos en ella; y con su política supo parar de tal modo las noticias de bancarrota española que corrieron, que habiendo subido los fondos de París por sus acertadas providencias, el comercio, el directorio y las corporaciones financieras le enviaron diputaciones, dándole las gracias por su tacto diplomático. Todo esto unido á los gloriosos antecedentes de Azara, le hicieron tan respetable á todos los partidos, que ni un solo periódico se atrevió á criticarle, cosa que han logrado muy pocos diplomáticos y altos funcionarios, hasta el dia, en los gobiernos representativos, y menos en los revolucionarios.

Cuando tan venerado de la república francesa se hallaba Azara, sus émulos que miraban con envidia su buena opinion, debieron acusarle ante Cárlos IV, pues en 26 de agosto de 1799, recibió un estraordinario de Madrid exonerándole de la embajada que se daba á don Ignacio Muzquiz, embajador en Berlin. Luego que por conducto del ministerio Taillerand, supo el directorio este suceso, trató de evitar que saliera Azara de París, llevando muy á mal esta separacion, y resolvió enviar á Madrid un estraordinario pidiendo su permanencia, pero viendo la decision de Azara á salir de París para obedecer á su rey, no se atrevió á detenerle por no disgustarle.

Desembarcando en Frejus Napoleon de vuelta de su victoriosa campaña de Egipto, detuvo Azara el viage unos dias para abrazar á este héroe su amigo, que le mandó á llamar en cuanto llegó á París, disculpándose en carta que se conserva, de no irle á visitar «por impedírselo el pueblo que le tenia sitiado en su casa deseoso de verle.» Pidió Napoleon parecer sobre el actual gobierno de Francia á Azara, y como este le enterase de su monstruosidad, segun él mismo dejó escrito en sus memorias, y le diese su opinion sobre lo que debia hacer, es de presumir que tendria gran parte nuestro compatriota en los acontecimientos políticos que dieron el poder á Bonaparte, pocos dias despues de la salida de Azara de París, cuya partida no pudo aquel impedir á pesar de sus amistosas persuasiones y de las ventajosas proposiciones que le hizo.

Llegando Azara á Barcelona al palacio de su sobrino don Pablo Sichar, obispo de aquella diócesis, escribió al príncipe de la Paz, las cualidades de los que habian hecho se le quitase la embajada para hacer en contra del pais lo que él procuró evitar, y dedicándose á sus tareas literarias, lo que no le quitó el obsequiar á su antigua amiga la duquesa de Orleans, madre del actual rey de los franceses, estuvo en aquella ciudad hasta que en abril de 1800 se retiró al seno de su familia en su pueblo de Barbuñales.

Poco tiempo disfrutó de este descanso, puesto que á instancias de Napoleon y del príncipe de la Paz, se le volvió á nombrar embajador en París en diciembre de 1800., con calidad de estraordinario. Deseando el rey verle antes de partir á París, le mandó venir á Madrid á donde llegando en enero de 1801, fué recibido por muchos grandes de España y personas ilustres entre ellas el célebre poeta Iriarte su amigo, cuya casa eligió para alojarse, á pesar de las instancias que le hizo el príncipe de la Paz para que se quedase en la suya, que fué en la que se apeó. Obsequiado Azara por los reyes é infantes y por el embajador de Francia Luciano Bonaparte, rechazó con empeño la idea de nombrarle ministro de Estado como se pretendió, y solo aceptó la gran cruz de Cárlos III que recibió en capítulo general convocado al efecto en palacio, teniendo el singular honor de que la misma reina doña María Luisa le cosiese en su vestido la placa, presilla y boton de la órden y de que Cárlos IV le pusiese la banda.

Salió Azara para su embajada en marzo de 1801 y fué recibido en París con entusiasmo, saliendo á alcanzarle el ministro de Estado y el príncipe de Taillerand que le alojó en su casa, donde estuvo hasta que presentó sus dobles credenciales de embajador de España y del infante duque de Parma su amigo. Los nuevos reyes de Etruria acreditaron la amistad que tenian á Azara, cuando se alojaron en su casa durante su permanencia en París, desde 26 de mayo de 1801 hasta el 1.° de julio del mismo, en que les obsequió con tanta magnificencia, que mereció que el rey Cárlos IV le manifestase oficialmente su agradecimiento por lo bien que se habia portado con los reyes sus hijos.

No contento el duque de Parma con haberle nombrado ministro plenipotenciario en Francia, y agradecido á los muchos é importantes servicios que le tenia hechos en Italia y Francia en el espacio de 40 años, entre los que se contaba el de que hubiese respetado sus estados el ejército de Napoleon, le confirió para sí y sus sucesores en diciembre de 1801 el marquesado de Nibbiano y otras seis villas en el ducado de Placencia, que es uno de los marquesados mas antiguos é ilustres de Italia si bien de escasa renta. Este marquesado le disfruta hoy su sobrino don Agustin de Azara, hijo de don Francisco, quien deseando honrar y perpetuar la memoria de su ilustre progenitor, ha hecho escribir una estensa vida de su tio que se imprime al presente, apoyada en documentos inéditos, interesante á nuestra historia nacional, y pretende levantar en Aragon un monumento á tan célebre español. Rasgo tan heróico hará al actual marqués de Nibbiano de quien hablaremos en su lugar en este Panteon, digno sucesor del señor Azara, y la patria tendrá mucho que agradecerle.

No solo debia el duque de Parma lo espresado á Azara, sino sus estados, pues como por el artículo primero del tratado de Aranjuez de 21 de marzo de 1801, firmado por el príncipe de la Paz y por Luciano Bonaparte, se agregaban estos estados á la Francia, se hubiera verificado asi á no mediar Azara, que logró dejasen al duque en ellos hasta su muerte. En 1.° de octubre de 1801 concluyó y firmó Azara el tratado de paz con la Rusia, y en agosto del mismo le nombró Cárlos IV ministro plenipotenciario y enviado estraordinario suyo cerca del presidente de la República italiana en París, llegando su influencia á tal punto en Francia en esta época, que para todo se le consultaba, y se le tenia por el principal y mas sábio diplomático de Europa, y por el consuelo de las naciones que necesitaban un mediador con aquella nacion vencedora ó con el gran capitan del siglo su amigo.

Reunido el congreso de Amiens, para el que fué nombrado Azara en 4 de enero de 1802 por parte de España, hizo el primer papel por su saber y elocuencia en aquel, á pesar de los distinguidos hombres que representaron á las demas naciones, y lo acredita el que en el tratado que se hizo en el espresado congreso que se firmó el 25 de marzo, se halla que la primera firma es la del señor Azara, á quien con los otros tres representantes mandó retratar el gobierno francés en un cuadro en el acto de firmar.

En 1.° de mayo de 1803, fué nombrado Azara ministro plenipotenciario del rey de Etruria, cerca de Napoleon, y en 18 de octubre del mismo, firmó un tratado muy útil á España, que acalló por entonces á los malévolos franceses que abogaban por la guerra contra esta nacion.

Hallándose Azara en una edad avanzada y disgustado de las intrigas palaciegas de su córte, solicitó se le jubilase, lo que contra todo lo que entonces exigia la política, consiguió á fines de 1803 con sentimiento de Napoleon y de toda su córte que respetaba sus talentos, y aun cuando el rey le ofreció los honores y condecoraciones que quisiese, no permitió tomar ninguna mas de las que tenia, razon por lo que solo se le dejó en posesion de su plaza de consejero de estado con todos sus sueldos y emolumentos. Libre ya de los negocios como hombre público, dice el anciano en una de sus notas, que continuó la *Historia de sus tiempos* que tenia bosquejada, y añadia, *que si la vanidad no le engañaba, seria muy instructiva y curiosa para la posteridad*. Tal vez aludia Azara á las Memorias que hemos publicado, si bien por otro lado faltando en ellas todo lo perteneciente á su segunda embajada, y sabiendo escribió aquellas mucho antes de esta época, sospechamos con alguna razon, pues que hemos hallado fracmentos de su letra entre sus papeles, que al morir se ocupaba en el periodo de su vida que no dejó escrito. Siendo esto asi es lástima que no se sepa á donde fueron á parar tan interesantes trabajos, y mucho mas el que no hayan sido publicados en España, porque tal vez se aclarasen puntos demasiado oscuros todavía en la historia de aquella época como sucede en las Memorias que hemos publicado.

Reunido á Azara su hermano don Felix, trató de volver á Italia á ver si á vista de su hermoso cielo se mejoraban sus dolencias, pero atajó la muerte á su deseo cortándole la vida el dia 26 de enero de 1804, en que falleció en los brazos de su espresado hermano, á los 73 años de edad. Acompañó su cadáver todo lo principal de París con lágrimas del mas profundo dolor, á la iglesia de san Juan, donde fué conducido con una pompa regia. Poco despues llevaron el cadáver sus hermanos don Felix y don Francisco á su pueblo de *Barbuñales*, en donde se halla en un sepulcro de marmol hecho por el escultor don Pascual Cortés, en la capilla de san Juan Bautista, lugar del enterramiento de sus antepasados.

Si recapitulando la vida de Azara se hubieran de espresar sus cualidades describiéndolas una por una, hariamos un artículo mas estenso que lo que debemos, y asi solo diremos, que no le faltó ninguna de las dotes que hacen al hombre ser venerado y admirado de sus semejantes; y en cuanto á su suficiencia como literato y hombre de ciencia, bastará el saberse que las Academias de la historia, de la lengua, de san Fernando, etc. y muchas de las corporaciones sábias de Europa, se apresuraron á admitirle en su seno teniéndole como á uno de sus mas ilustrados y sábios individuos, cuya memoria vivirá eternamente en ellas, así como sus obras serán un buen modelo que seguir en todos los tiempos. Las artes recuerdan tambien con gloria al íntimo amigo del célebre pintor Mengs, al que hizo elevar en Roma un suntuoso mausoleo á su costa, sobre el que colocó el retrato en bronce de este insigne pintor; y porque supo formar un museo de los preciosos restos del arte antiguo que sacó de las escavaciones de Tívoli y de otros puntos, cuyos ricos objetos poseen hoy en su mayor parte, los museos de Madrid, París y Roma.

Ademas de los trabajos diplomáticos y literarios que no han visto la luz pública, se conocen las siguientes publicaciones de Azara. Las obras de *Garcilaso de la Vega* ilustradas con notas suyas y con un estenso prólogo en que trata sábiamente de nuestro idioma castellano, impresas en Madrid en la imprenta real en 1765 en 8.° mayor, y por Sancha en 1788 en 12.° *Obras de don Antonio Rafael Mengs*, primer pintor de càmara, ilustradas con notas. Madrid, imprenta real 1780, en 4.° mayor. La *Historia de Marco Tulio Ciceron*, traducida de la del inglés Congers, con un prólogo original y 24 retratos grabados, de hombres ilustres, cuyos bustos originales existian en su gabinete y en otros de Roma, y ademas 27 cabezas y finales copiados de medallas antiguas, grabados los primeros por Salvador Carmona. Madrid, imprenta real 1790, 4 tomos en 4.º *Introduccion á la historia natural y á la geografía física de España por Bowles*, segunda edicion corregida por Azara con cartas suyas y un prólogo, en que se vindica á nuestra nacion. Madrid, imprenta real 1782 y otra en 1789, en 4.º

Hizo á su costa en Parma una lujosa edicion de las obras de *Prudencio, poeta español*, con notas del abate Teuli. Las exequias que él hizo ejecutar en Roma á la *Muerte de Cárlos III*, con grandes y bellas láminas. Roma 1789, un tomo en folio; tambien publicó en italia el mismo año: *Obras de Horacio y de Virgilio* publicadas con notas, en Parma la primera en 1791 y la segunda en 1793. Poema de la *Religion venguda* de su amigo el cardenal de Berni. Parma 1795, un tomo en folio. Dirigió la publicacion y ejecucion de las láminas que se han grabado por los mejores artistas españoles, de los cuadros originales que posee en su Museo y palacios la corona de España.

En fin, dejó Azara una porcion de trabajos interesantes que aun están inéditos, entre ellos *El libro VI de Plinio sobre bellas artes*, las obras de *Séneca el filósofo* y algunas *Fábulas morales* de su invencion. Su nombre será eterno en los anales españoles, como gran diplomático, profundo literato, y protector de las bellas artes.

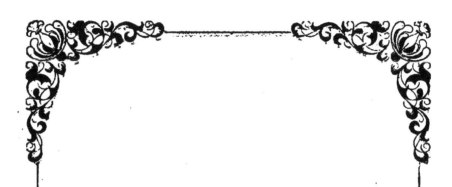

DON FELIX DE AZARA

Y PERERA.

Brigadier de marina y escritor naturalista é histórico-geográfico.

Et si mortuus, urit.

Dn. Felix de

AZARA.

Felix de Azara

Jovi homorio ditatquæ lustrat.

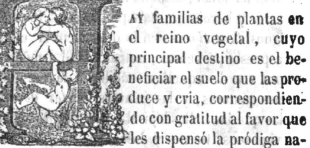

HAY familias de plantas en el reino vegetal, cuyo principal destino es el beneficiar el suelo que las produce y cria, correspondiendo con gratitud al favor que les dispensó la pródiga naturaleza. Tambien entre los hombres existen familias privilegiadas, cuyos individuos señalados por la bendicion de Dios, vienen al mundo para ennoblecer á su especie, y honrar con sus hechos y virtudes á la feliz nacion que les recibió en su cuna al salir á luz. Todos los paises tienen familias ilustres en esta clase. España se envanece de que su catálogo no sea muy limitado, y en él aparece radiando hermosa luz, la ilustre familia de los *Azaras*, en la que hay bellísimos modelos de saber, de virtud y de heroismo El reino de Aragon, parte interesantísima de nuestra Península, se envanece con justicia, de presentar su heróica historia adornada de ricos brillantes, pues tales deben considerarse la multitud de hombres sábios é ilustres que ha producido en todas las clases y en todos los ramos del saber humano.

En aquella porcion de España de la que salieron esforzados varones que llevaron á Sicilia, y hasta la soberbia Grecia, el glorioso y victorioso pendon nacional, sometiendo aquellas regiones á su valor y heroismo; en aquella patria feliz de los antiguos *Trovadores*, en la que nació la civilizadora poesía provenzal, entre el laud armonioso y sonora voz de aquellos sencillos á la vez que sublimes cantores, y las galantes *cortes de amor*, en las que las bellas hijas de Aragon premiaban á los vigorosos, tiernos y dulces mantenedores de la *Gaya Ciencia*; y en fin en aquel pais donde campea el valor proverbial, la sinceridad, la jovial alegria, el teson en las cosas justas, el amor patrio y la llaneza y veracidad de sus naturales, en aquel reino repito, y en su pueblo de *Barbuñales*, vió la luz el célebre marino é ilustrado naturalista *don Felix de Azara*, cuya biografía tenemos el honor de escribir para recordar su glorioso nombre que mereció bien de su patria y de su rey que coronaron su mérito: MILITIBUS BENE DE REGE AC PATRIA MERITIS.

Nació don Felix en Barbuñales, pueblo como hemos dicho del antiguo reino de Aragon, cercano á Barbastro, que es su cabeza de partido, el dia 19 de mayo de 1742. Fueron sus padres don Alejandro de Azara, y doña Maria Perera, ambos de ilustres, antiguas y nobles familias aragonesas. Lugar era este para que se estendiese un diestro heraldo en describir los blasones de familias tan ilustres, cantando las proezas de sus progenitores, haciendo resonar las cien trompas de la fama, publicando nua á una las gloriosas acciones que de generacion en generacion han ennoblecido á los Azaras. Empero si el historiador debe hacer mucho caso de estos preliminares, cuando no tenga los materiales suficientes que ennoblezcan personalisimamente á su héroe, ó cuando pretenda lisongear la vanidad de una familia que estribe solo en los blasones antiguos de sus antepasados toda su gloria, debe pasarlos por alto aquel, que como nosotros, sea tan feliz que tenga virtudes y acciones gloriosas bastantes con que presentar al suyo, las cuales sobren por sí solas para abrir pliego al blason mas heróico, y á la hidalguia mas distinguida. En efecto, si el tener hermanos tan sábios, virtuosos y distinguidos como don José Nicolás de Azara, denominado con razon el fiel de la balanza europea en la última mitad del siglo pasado, tal fué su suficiencia diplomática, y como don Eustaquio, obispo que fué de Ibiza y de Barcelona, en cuyas diócesis se le tiene en olor de santidad por sus virtudes; si el haber tenido tales hermanos y otros parecidos á estos en virtud, saber y dignidad, no le ennobleciesen á don Felix suficientemente, poco podria importarle su ilustrísima y antigua alcurnia, puesto que supo bastarse á sí mismo para aparecer heróico como militar, grande y noble como hombre de ciencia y de letras, y digno como español de ocupar un puesto distinguido en el templo de la inmortalidad entre los ilustres aragoneses.

Pasó don Felix los primeros años de su vida al lado de su buena familia en el referido pueblo de Barbuñales, y tan luego como lo permitió su edad y precoz instruccion, fué llevado á proseguir sus estudios á la universidad de Huesca, alojándole su padre en casa de su ilustrado hermano don Mamés, dignidad de Maestrescuela de aquella catedral, y sacerdote de grande instruccion y elevado mérito, el cual se dedicó con singular esmero á educar sábiamente á su sobrino don Felix, como lo habia hecho con su hermano don Nicolás.

Estudió en Huesca nuestro marino la filosofía y cuatro años de legislacion, distinguiéndose en todas las clases por su aplicacion y aprovechamiento: pero viéndole su familia inclinado á la carrera militar mas que á la de las letras, solicitó para él una plaza de cadete en el colegio de Segovia, la que obtuvo, si bien no pudo disfrutarla por haberse publicado al propio tiempo una real órden, por la que se prohibió la entrada en el referido colegio á los que pasasen de la edad de 18 años, en cuyo caso se hallaba don Felix. Frustrado este proyecto, entró à servir al rey en clase de cadete en el regimiento de infantería de Galicia, el 1.° de setiembre de 1764, empeñándose al efecto el señor conde de Fuentes, coronel de este cuerpo, y amigo de su familia. Al año de servicio pasó con real licencia á Barcelona á fin de aprender á fondo las matemáticas, estudio tan de su agrado, que á los nueve meses fué examinado, y encontrándole perfectamente impuesto, lo pasaron al tercer año, ascenso estraordinario, que ademas de admirar á sus maestros, dió á conocer su genio y capacidad. Apenas concluyó de estudiar el tercer año, en que como en los anteriores salió aprobado *nemine discrepante*, fué ascendido á subteniente de infantería é ingeniero delineador de los ejércitos nacionales, plazas y fronteras, cuyo nombramiento obtuvo en noviembre de 1767.

La noticia de su aplicacion y suficiencia matemática, le valió que en marzo de 1768, se le nombrase para dirigir parte de los trabajos de la famosa fortaleza de la plaza de Figueras, que se estaba levantando entonces, en cuyo punto dió muestras de su saber é inteligencia en la arquitectura y dibujo militar.

Como para ciertas obras que debian verificarse, fuese necesario desaguar los rios Jarama y Henares, mandó el rey en 1769 à don Pedro Cermeño, comandante del real cuerpo de ingenieros, le enviase dos ingenieros los mas sobresalientes para llevar á cabo tan grave operacion, y aquel entendido gefe, eligió al efecto en primer lugar á don Felix, el cual salió para Madrid en enero del mismo año. Situándose Azara en los rios indicados, desempeñó su comision á satisfaccion del rey y de su gobierno, y con tal acierto, que este año de trabajos hidráulicos (pues en solo este tiempo consiguió lo que deseaba), le valió los merecidos aplausos de los buenos ingenieros, y la fama de un inteligente facultativo en esta clase de obras.

Apenas volvió á Barcelona, en donde estaba destacado, cuando se le proporcionó una nueva ocasion de lucir sus adquiridos conocimientos. Por medio de una real órden se mandó al referido comandante Cermeño, pasase á Mallorca á componer sus fortalezas algo deterioradas por el descuido de sus gobernadores, y como se le encargase llevase consigo los oficiales que mereciesen mas conocimientos y en los que tuviese mayor confianza, fué don Felix, el primer elegido. No debió pesar á nuestro Azara el haber ido á aquella espedicion, puesto que proporcionándole el demostrar cuanto sabia en el arte de fortificacion de plazas, mereció ser recomendado al gobierno por su gefe, y seguramente que tendria mucha parte esta recomendacion para su eleccion en 1774, de maestro de los estudios de ingenieros de la plaza de Barcelona; y para su promocion al empleo de ayudante en el arma.

Declarando España la guerra á Argel, fué nombrado Azara en 1775 para esta espedicion, en la cual tuvo la desgracia física y la gloria militar de ser el primer ingeniero que cayó herido, lo que acredita su intrepidez en aquella sangrienta jornada. La homicida bala que le hirió haciéndole derramar sangre por su patria, le entró por la tetilla izquierda y le salió por la espalda, dejándolo en tal estado, que á pesar de los esfuerzos de su valor hubiera quedado en el campo por muerto, si habiéndole visto casualmente su coronel el conde Fuentes, no mandase á dos granaderos le llevasen inmediatamente á bordo del navío del que habian desembarcado. Allí se le prodigaron los mas esmerados cuidados; pero a pesar de esto y de los buenos facultativos que le trataron, tuvo abierta la herida hasta enero de 1776, y aun despues le costó mucho tiempo el curarse completamente de tan peligroso golpe; y como en su enfermedad le prohibieron los facultativos todo alimento sustancioso, pasó doce años sin comer pan, el que se acostumbró á no usar despues en toda su vida. De resultas de aquella jornada, le premió el rey con la gracia de teniente de ingenieros, empleo que solo sirvió dos meses, por ascender á capitan de infantería del mismo cuerpo, con el título de ingeniero estraordinario en febrero de 1776, año en el que fundándose en Zaragoza la Sociedad Económica Aragonesa por la real órden que ordenó la creacion de estos cuerpos cívicos en todas las capitales de provincia, le nombró la espresada corporacion uno de sus primeros individuos, atendiendo á su capacidad científica y á la fama que ya tenia entre los hombres instruidos.

En el mes de setiembre de 1780, le ascendió S. M. al grado de teniente coronel de infanteria, cuya gracia recibió hallándose de guarnicion en san Sebastian.

Como se contratase entre España y Portugal poner límites en las posesiones de ambas naciones en la América meridional, se nombró comisario principal para esta demarcacion limítrofe, á don Felix por habérsele designado como el ingeniero de mas conocimientos científicos y mas apto para desempeñar operacion tan grave á satisfaccion de ambas potencias.

Como lo dijo don José Nicolás de Azara al célebre ministro Talleirand, ministro de la república francesa, en comunicacion oficial de 3 de setiembre de 1802, para que la hiciese saber al primer cónsul *Napoleon Bonaparte*, reclamando la intervencion española en el asunto de la demarcacion que de límites debia hacerse entre la Guyana francesa y el territorio portugués en el Brasil, hacia tres siglos que la España y el Portugal se hallaban en continuas y graves cuestiones acerca de los limites de las posesiones descubiertas en América y en el Asia. Los soberanos de ambas naciones, pusieron en manos del papa la decision de sus pretensiones y Alejandro VI imaginó tirar una línea en el cielo que marcase en la tierra las posesiones que debian pertenecer á uno y á otro rey. Pero la ignorancia del siglo en que se verificó tan estraña division, la manera con que fué concebida la bula en que se mandó y aun mas las irritables pasiones de los partidos interesados, fueron causa de que nunca las dos cortes se hayan podido poner de acuerdo sobre su inteligencia y esto dió lugar á eternas disputas, frecuentes conferencias y á la multitud de tratados que hasta entonces tenian embrollado este negocio y mas obscuro que lo pudo estar en su origen.

Sin embargo, estaba demostrado que el Portugal habia invadido inmensos terrenos de la América meridional que pertenecian á España, contra la demarcacion que señaló la línea tirada por el espresado pontífice, y el tenor de los tratados de 1750 y de 1777 en los que se consignó que la frontera entre las posesiones situadas entre los dos grandes rios Marañon y Orinoco donde se apartaba de los rios Yapurá y Negro hubiese de continuar por los montes que median entre ambos rios primeros hasta concluir la línea á la parte de oriente que era donde terminaban las posesiones de una y otra monarquía (I).

A fin de tomar las competentes órdenes del gobierno para el mejor cumplimiento de su comision en América, pasó don Felix á Madrid en donde fué muy bien recibido del rey don Cárlos III, el cual alabándole los talentos diplomáticos y virtudes de su hermano don José Nicolás, agente general de España en Roma á la sazon, le dió muy buenas recomendaciones para el Brasil y le ofreció premiar sus trabajos. Despues de tan lisongero recibimiento y de haber sido visitado por los principales magnates de la corte haciendo en ello honor á la estima y valimiento en que se hallaba su espresado hermano, partió para Lisboa y no deteniéndose en esta capital mas que el tiempo necesario para ponerse de acuerdo con el gobierno portugués, y proveerse de algunos utensilios científicos, se embarcó para el Brasil, en donde fué muy bien recibido y perfectamente obsequiado. Desde allí se trasladó con sus subalternos al Paraguay, pais en donde debia llenar principalmente su comision. Conforme se lo ofreció el rey, no tardó en esperimentar sus beneficios, puesto que en diciembre de 1781 fué nombrado capitan de fragata de la real armada, destinó que desempeñó con inteligencia y á satisfaccion de su nacion, lo que le valió el nombramiento de capitan de navio á que fué ascendido en enero de 1789. Como digimos en el exámen de su Memoria sobre la demarcacion de límites impresa en este año entre sus Memorias póstumas, su estudio y aplicacion le pusieron bien pronto al corriente de los diversos idiomas de los indios salvages, hasta el punto de entenderlos y hacerse entender de ellos y por eso se nota en sus obras mas propiedad en los nombres de aquellos pueblos, rios, campos, y familias ó naciones que en ninguno de los autores que hablan de la América meridional. Este conocimiento del lenguage y el que no tardó en tener del pais, fué un bien entonces en España para establecer sus límites entre el Paraguay y el Brasil, y un mal para los portugueses que no pudieron ya sorprendernos tan impunemente por nuestra ignorancia del terreno y de sus nombres.

Aficionado estraordináriamente don Felix al estudio de las ciencias naturales y en particular á la ornithologia y á la zoologia, la abundancia de estraños y variados pájaros y cuadrúpedos del Paraguay y del Rio de la Plata, dieron pávulo á su deseo de estudiar la naturaleza en sus seres, y de conocer á fondo al hombre sencillo de las razas de aquel pais. En los veinte años que gastó en fijar los límites de las tierras pertenecientes á España y á Portugal en aquellos dominios; demarcacion para la cual tuvo que cruzar muchas veces el pais en todas direcciones, y hacer largos y penosos viages, su genio fecundo le proveia de los medios mas adecuados para evitar el fastidio y el cansancio, y ni un dia se pasaba sin que sus observaciones geográficas ó botánicas uniesen un descubrimiento nuevo á las ciencias naturales que le deben el conocimiento de la mayor parte de los tesoros que producen aquellos terrenos en todos sus reinos.

El gobierno de Madrid recibia de tiempo en tiempo noticias del ilustre marino, y siempre hallaba en sus comunicaciones alguna cosa porque alabarle y que agradecerle, teniendo á mucha dicha el haber hecho tan acertada eleccion puesto que su prudencia proverbial en el pais, al paso que su energia y reconocido talento, hicieron que el pabellon español fuese respetado de los falaces portugueses y de los naturales, sin que se tuviese que usar de la fuerza de las armas tantas veces como antes de su ida en que á cada paso tenian que hacer los españoles uso de ellas como la *últitima ratio rerum* necesaria para convencer á aquellas gentes. La confianza sin límites que tenia en él el gobierno, hizo conferir á don Felix delicadísimas comisiones que desempeñó siempre con gusto, buen tino y acrisolada lealtad.

Habia en el Paraguay una colonía de españoles que habian sido conducidos á aquel punto hacia como unos 25 años, y á los cuales se retribuia con una pension anual de cincuenta mil pesos fuertes. Desde que Azara conoció las condiciones de esta especie de colonia, concibió la feliz idea de librar á España de este tributo voluntario, pere de justicia. La fecundidad de su genio, le condujo hasta llevar á cabo su feliz concepcion de fundar una poblacion en donde viviesen estas gentes con comodidad, proporcionándoles feraces y ricos terrenos que labrar, y enseñándoles las artes necesarias para vivir con independencia y sin estrechez. Logrado esto, la nueva villa de *Batobi de Azara* libertó á España del tributo espresado, y sus primeros habitantes bendigeron la mano bienhechora de su fundador, cuya memoria no podrá menos de recordar siempre con gloria aquella poblacion. Si hubiera el virey del Rio de la Plata, el *marqués de Avilés*, seguido al pie de la letra la ley que prohibia dar gratuitamente terrenos para su cultivo, ciertamente que don Felix no hubiera podido hacer su fundacion con buen éxito, pero convencido por este de lo mucho que ganaria el rey y el pais dando las tierras sin trabas de ninguna clase á los que se comprometiesen á labrarlas segun mas por estenso hemos dicho en la pág. 175 de las *Memorias* de este escritor, publicadas en 4.° en este mismo año, el virey le dió facultad de repartir, y aprovechándose Azara de tan benéfica providencia, probó la bondad de su doctrina en el feliz éxito de la fundacion de la espresada villa de Batobi.

Los contínuos viages y los trabajos del servicio, no le impidieron el distraerse en la lectura de todas las obras escritas sobre aquellos paises, las que cita y critica sábiamente en el prólogo de su obra *Descripcion é historia del Paraguay* que hemos publicado el año pasado de 1847, y registrando los pocos archivos y los monumentos, se puso al corriente de cuanto necesitaba saber, para enmendar en sus obras los errores voluntarios ó involuntarios que habian cometido los demas escritores que le habian precedido. Hijos de su profundo estudio del pais y de sus producciones, son las obras de los *Pájaros y Cuadrúpedos*, que han aplaudido ya los sábios de todas las naciones, que se han apresurado á verterlas á su lengua vulgar é hija de él la que acabamos de citar, no menos digna de elogio que las otras.

Asi como su hermano, el célebre embajador en Roma, gastó grandes sumas de su patrimonio en hacer escavaciones de consideracion en Tivoli, Albano y otros puntos de los estados pontificios, á fin de procurarse porcion de objetos preciosos del arte antiguo para formar un magnífico museo que legar despues á su nacion, del propio modo nuestro entendido marino reunió á su costa un numeroso gabinete de pájaros, cuadrúpedos, insectos, minerales y demas objetos naturales de aquella comarca, con el propio designio que su hermano. Ambos cumplieron su deseo, regalando aquel su bellísima coleccion de bustos y estátuas antiguas de mármol al rey, que embelleció con ellas sus reales sitios, y que, recogidas hace pocos años, engrandecen hoy el real Museo de escultura, y remitiendo don Felix al gabinete de Historia natural, de seiscientos á setecientos pájaros y cuadrúpedos que le enriquecen en el dia, ambos museos tienen sellos indestructibles que ennoblecen á la ilustre familia de los Azaras, y que recordarán á la posteridad los buenos servicios patrióticos que tiene hechos á la España. El gobierno de Madrid le recompensó nombrándole coronel de ingenieros por este tiempo.

Al hacer Azara las demarcaciones del territorio, trazó un plan esactísimo de él y del Rio de la Plata marcando el curso y afluencias de los rios Paraguay, Paraná, Pilcomayo, Vermejo, Tibiquari, Xejuy, Vacuarey, Corrientes, Boimboi, Ypasia y Carai, que son los principales del Paraguay. Luego que los elogios de tan perfecta obra la dieron á conocer suficientemente, el cabildo, justicia y regimiento de la ciudad de la *Asuncion*, entró en deseos de poseer una copia de tan precioso trabajo, y en carta de 22 de marzo de 1793, se le pidió como una gracia singular y como el mayor favor que podia hacer á aquella ciudad, en cuyas casas consistoriales se conservaria dignamente para perpétua memoria y para el servicio del bien público (11); remitimos al lector á la copia literal que insertamos en su lugar, de la referida carta, y verá el respeto y veneracion con que se miraba en aquellos paises á nuestro sábio compatriota. En 12 de abril contestó Azara á la ciudad remitiendo el referido plano con las aclaraciones que pueden notarse en su carta (III), y en otra misiva y diploma del cabildo de la espresada ciudad de la Asuncion, dada en la sala capitular á 23 de setiembre del propio año, y firmada por todos los capitulares (IV), no solo se le dan las mas espresivas gracias por su generoso donativo, elogiando con las mas elevadas palabras y escogidos dicterios sus talentos, sino que pasó una comision del capítulo á manifestarle la gratitud de la ciudad por tan singular favor y generosidad, y entregarle el diploma ó carta de ciudadano, en el que se le reconocia por uno de los primeros patriotas de aquel estado agradecido. Tanta fineza obligó á Azara mas á favor de aquella poblacion, y levantando planos parciales de sus divisiones territoriales, se los regaló, asi como una estensa Memoria sobre la historia del pais, de sus principales producciones, y de sus situaciones geográficas, llena toda ella de buenas máximas de gobierno económico y administrativo. Esta Memoria fué muy apreciada por el ayuntamiento de aquella ciudad, que se apresuró á poner en práctica muchas de las máximas de que estaba sembrada; y puede decirse, que á tal escrito y á los consejos del ilustre marino, debió sus mejoras civilizadoras sucesivas.

Los portugueses tuvieron en don Felix un centinela alerta que se oponia siempre á sus demasías en aquellos dominios, y el pais un magnífico, celoso y constante protector que no tenia mas empeño que procurar su felicidad y engrandecimiento por todos los medios buenos posibles, y la España un defensor decidido y valiente de sus prerogativas y un agente fiel que trabajaba sin tregua porque aquellas colonias fuesen cada vez mas productivas á su madre patria y á su rey. Asi puede probarse con solo la lectura de las *Memorias* que hemos citado.

Admiradores los ingleses de los talentos de don Felix, consignaron de tal modo sus científicos trabajos, que bastaban sus noticias para clasificarle como hombre de ciencia y laboriosidad, si se careciesen de otras pruebas mas oficiales. En el *Diario de la sociedad geográfica de Lóndres*, tomo correspondiente al año de 1837, se describe la obra histórico-geográfica que publicaba en aquel año en Buenos-Aires don Pedro de Angilis con el título de *coleccion de obras y documentos relativos á la historia antigua y moderna de las provincias del Rio de la Plata, ilustradas con notas y disertaciones*. En el tomo 2.º de esta obra se halla la siguiente noticia de nuestro Azara: núm. 12. *Diario de la navegacion y reconocimiento del rio Tibicuari, obra póstuma de don Felix de Azara, año de 1785;* » y refiriéndose á esta obra, se dice en el espresado Diario. «Basta mencionar el nombre de este docto español, para despertar la curiosidad.» Aquel escrito pudiera llamarse con mas propiedad *Escursion durante un mes por el Paraguay.* En efecto salió el autor de la ciudad de la Asuncion por el camino que conduce á Villarca, que se halla en lo interior del pais, pasó por Casapa y llegó á Yuti, en cuyo punto se embarcó en una canoa para seguir el cauce del Tibicuari, hasta entrar en el Paraguay. Volvió á caballo por la orilla derecha de aquel rio, cuya empresa se tuvo por temeraria en la época en que se arrojó á ella por las avenidas é inundaciones del pais. Pero á pesar de las malezas, de la nube de mosquitos que continuamente le asaltaron, de los muchos insectos venenosos que le asediaron, y de otra multitud de obstáculos capaces de aterrar á otra alma menos grande que la suya, hizo sus observaciones científicas por aquellos pantanos con suma proligidad y con tal exactitud, que bastaron para plantear un mapa verdadero y fiel de una parte muy considerable del Paraguay. El plano general de que hemos hablado y del que regaló una copia al ayuntamiento de la Asuncion, comprende este peligroso y científico viage, el cual le sirvió para consignar en la obra *Descripcion del Paraguay* la parte geográfica del pais en esta direccion. Entre las publicaciones españolas que han hecho justicia á los talentos de don Felix sobre este particular, merece honorífico mencion el *viage pintoresco á las dos Américas, Asia y Africa*, publicado en Barcelona en 1842 en la imprenta de don Juan Oliveres, en cuyo tomo 1.º introduccion, página 12, donde se dice en su elogio «El primer viagero que generalizó sus observaciones fué don Felix de Azara, sábio que durante veinte años (de 1781 á 1801) se ocupó de la geografía y de la historia natural del Paraguay, nos dió á conocer perfectamente unas comarcas mal descritas hasta entonces, á pesar del voluminoso libro de Lozano y del mucho mas apreciable de Charlevois.»

Lejos don Felix de su patria, y hallándose entre los 24 y 36 grados de latitud austral, y entre los 57 y 60 de longitud occidental al meridiano de París, todo su conato fué como hemos dicho el ser útil á su pais y á las ciencias naturales, procurando con su constancia y estudio describir cuantos objetos naturales se presentaban á su vista, y corregir con sábia crítica los errores en que habia incurrido al hablar de los animales de América el sábio Buffon, por haberse confiado demasiado en las noticias vulgares dadas por viageros poco instruidos, y apreciadas en mucho mas de su valor por el naturalista Daubenton. En Buenos-Aires á donde bajó Azara desde el Paraguay por órden del virey, fué donde escribió ó por mejor decir puso en órden sus apuntes sobre la historia natural de los cuadrúpedos del Paraguay y Rio de la Plata. Corregido este escrito, en el que se rebaten los errores de Buffon, le mandó á su hermano don José Nicolás, que se hallaba á la sazon de embajador de España cerca de la república francesa, á fin de que se le manifestase á los mejores naturalistas, de quienes solicitaba una justa censura. Deseoso de complacer á su hermano, dió don José Nicolás el manuscrito al ilustre y famoso naturalista Mr. L. E. Moreau-Saint-Meri, el que no solo alabó la obra prodigándola mil merecidos elogios, sino que, abusando de la confianza del embajador, la tradujo y publicó en francés, si bien no tan completa como la que en 1802 publicó el autor en Madrid, porque este la aumentó con porcion de cuadrúpedos que descubrió y clasificó en otro viage que hizo despues de haber enviado el manuscrito citado, como lo dice en la advertencia que hace á su hermano el embajador en la dedicatoria. Como una prueba de que la obra de don Felix sobre los *cuadrúpedos del Paraguay* que publicó en francés Mr. Saint-Meri, no puede tener toda la correccion que la dió el autor, ni valer lo que la edicion publicada por este despues en Madrid, nos parece conducente insertar la siguiente carta que sobre este particular escribió á don José Nicolás de Azara, su amigo el literato español y editor *Hervas*, cuyo escrito original tenemos á la vista. *Paris 5 de julio de* 1800. Mi dueño y venerado amigo. Moreau-Saint-Meri me confió el escrito del señor hermano de V. E. sobre el Paraguay para que se sacase una copia, lo que se hizo á cuatro manos y las mas de ellas francesas por lo que fué necesario corregirla, pero esto se ha hecho á puñados como todo y ya la tiene en su poder. Me insinuó que se valdria de mí para hacer pasar á V. E. el original, y me ofrecí muy gustoso porque en medio de nuestras miserias, de nada la tenemos tan enorme como de escritos útiles; luego que me devuelva esta obra irá al amigo Mendizabal (era oficial de embajada en París) como V. E. me insinúa. Es de V. por la vida amigo reconocido—Hervas. A la sazon se hallaba don José Nicolás en España depuesto de su embajada á la que volvió poco despues, y se vé que la edicion de la obra de su hermano se hizo y publicó sin su presencia en París, en cuyo caso ó no se hubiera impreso, ó se hubiese corregido mas. Puede verse lo que sobre este particular hemos dicho en las notas que pusimos en la *Descripcion é Historia del Paraguay y del Rio de la Plata* del mismo Azara, publicada este año como ya hemos dicho, en dos tomos en 4.°

La aparicion de esta obra en Francia, valió al autor el elogio de todos los naturalistas que se apresuraron á estudiarla: el Instituto Nacional ocupó en su exámen algunas de sus científicas sesiones, y el nombre de don Felix se preconizó como uno de los sábios que habian engrandecido el conocimiento de las ciencias naturales. Los periódicos de la época se hicieron un deber en elogiar la obra del marino español, y hasta el famoso poeta *Casti*, en su preciosa obra italiana titulada, *Gli animali parlanti*, dedicó algunas líneas en obsequio y honor de nuestro sábio compatriota.

Falto don Felix de otros libros que los citados para poderse ayudar en sus investigaciones sobre objetos naturales, tuvo que crearse un sistema y hasta un lenguage particular para sacar fruto de sus observaciones. Tampoco tenia hombres sábios con quién consultar, y solo pudo hacerlo en algunos casos prácticos, con su buen amigo don Pedro Blas Noseda, cura del pueblo de san Ignacio Guazú, caballero que, si bien no era naturalista, era de talento despejado, de bastante instruccion, y que aficionado á los pájaros en particular, habia hecho un buen estudio de ellos.

Como el virey, noticioso de que en los ratos ociosos que le dejaba su comision regia, supiese se dedicaba Azara á describir las producciones del pais, le pidió con empeño sus escritos para remitirlos á la córte, y obedeciendo don Felix se los mandó á Buenos-Aires, en donde viéndolos el naturalista don Antonio de Pineda y Ramirez, que se dirigia con dos corbetas á dar la vuelta al mundo, los elogió estraordinariamente y pidió una copia que le remitió á Lima don Felix, siendo contestado desde Guayaquil en una carta muy honrosa para ambos.

Cuando pasó don Felix á Buenos-Aires, ya tenia ordenada su ornithologia, y viendo en aquel punto los diez y ocho tomos de los pájaros por Buffon, escritos en francés y publicados en Paris el año 1770, criticó en su obra á este y á Daubenton por lo respectivo á sus errores al hablar de los pájaros de América, lo mismo que lo habia hecho en cuanto á los cuadrúpedos; pero su crítica es tan dulce, que no se podria resentir el mismo autor, si hubiese vivido cuando se dieron á luz sus obras, porque solo se dirige á poner la verdad en su lugar y á purgar de errores cometidos, tal vez involuntariamente, á esta parte de las ciencias naturales. Las cartas de don Felix dirigidas al director del real gabinete de Historia Natural de Madrid, remitiendo los originales de los cuadrúpedos y de los pájaros del Paraguay para que los corrigiese ó quemase si los creia inútiles, le hacen honor, y no le ensalzan menos las muchas cartas con que contestó á las consultas que le hicieron naturalistas nacionales y estrangeros, sobre puntos dudosos de la ciencia con relacion á las produciones de América.

Terminada la demarcacion de límites y demas comisiones que le detenian en América, se embarcó Azara en Montevideo para España, no sin haber sido bendecido antes por los americanos, á quienes tantos bienes habia hecho. Despues de una feliz navegacion, en la que estudió el derrotero con la mayor atencion, desembarcó en Málaga en el año de 1801, volviendo á sentir los saludables aires de su querida patria, despues de tan larga ausencia.

Se dirigió don Felix inmediatamente á Madrid, en donde fué perfectamente recibido por los numerosos amigos de su hermano don José Nicolás, que todos ocupaban empleos de alta importancia y consideracion, y presentándose al rey y á su gobierno, dió cuenta de su comision, entregando todos los documentos y trabajos de la misma, y alcanzó mil merecidos elogios por lo bien que la habia desempeñado, y el mismo soberano le manifestó lo satisfecho que estaba de sus importantes servicios.

Deseoso don Felix de que sus estudios y observaciones sobre los objetos naturales de América fuesen de utilidad al público, y de que este conociese los animales americanos, que mandados por él, veia en el gabinete de Historia Natural de Madrid, hizo imprimir sus dos famosas obras sobre *cuadrúpedos y pájaros del Paraguay y Rio de la Plata*, la primera en dos tomos en 4.° y la segunda en tres del propio tamaño. Aun cuando la obra de los cuadrúpedos es un tratado completo de los de aquel pais, y la de los pájaros una estensa ornithologia americana, la mas estensa, verídica y bien escrita que hasta entonces se habia visto de aquellos paises, y sobre todo, la primera escrita en español, este autor fué tan modesto como sábio, y se contentó con dar á ambas obras el título de *Apuntes para la historia natural de los cuadrúpedos y pájaros del Paraguay y Rio de la Plata*. El respeto y amor que tenia á su hermano don José Nicolás, le hizo dedicarle ambas obras, como lo atestiguan las dos sencillas, pero sentidas dedicatorias que se hallan impresas á su frente, firmadas en 16 de mayo de 1802, año de su impresion, en la entonces nombrada imprenta de la viuda de Ibarra.

Como lo indica don Felix en la dedicatoria de su obra de los cuadrúpedos, apenas conocia á su hermano don José Nicolás de quien se habia separado en la niñez, y á quien solo vió dos dias en Barcelona antes de pasar á América. Su deseo de abrazarle y de ver de cerca á un hermano que se habia hecho célebre por su esclarecido talento, y que pasaba por uno de los diplomáticos mas profundos de Europa, le obligó á solicitar una real licencia para pasar á visitarle á Paris, en donde estaba de embajador cerca del primer cónsul Napoleon Bonaparte, y obtuvo su deseo en julio del espresado año de 1802, cuando acababa de concluirse la impresion de sus obras espresadas.

Por mucho deseo que tuviese de abrazar á su hermano don José Nicolás, no quiso volver á salir de España sin respirar los aires natales, y sin descansar unos dias en el seno de su querida familia. Se dirigió al efecto á su pueblo de Barbuñales, y recibiendo en él las tiernas caricias de su hermano don Francisco y de su amable familia, que ansiaba el verle, partió en setiembre para París y en el mismo tuvo el placer de abrazar á su hermano mayor, que á la sazon era venerado en París como un hombre de singular talento, querido de Bonaparte, que le tenia por su mejor amigo, y por todos los hombres de algun valer en todas las clases y carreras. Presentó don José Nicolás á su hermano á sus distinguidos y numerosos amigos que le recibieron perfectamente, y en particular á los naturalistas, que se apresuraron á presentarle en sus academias y reuniones científicas como á una notabilidad, obligándole à entrar y tomar parte en sus conferencias, en las que acabó don Felix de grangearse todas las voluntades, y en las cuales aumentó sus laureles y su bien adquirida y merecida reputacion de sábio naturalista y escelente matemático y geógrafo. Presentado á Bonaparte, este genio del siglo, le ofreció su amistad, manifestándole la que le unia al *hombre de talento de España*, dictado que daba comunmente á don José Nicolás, y alabándole sus obras, que espresó haber leido con gusto, le dijo que contase en todo tiempo con su persona y valimiento como primer cónsul y como simple ciudadano.

Muy á tiempo de ayudar á su buen hermano el embajador llegó á París don Felix pues que habiéndose interpretado mal por los franceses y los portugueses el artículo de la Paz de Amiens que fijaba los límites de la Guyana francesa, tuvo don José Nicolás que protestar y reclamar en nombre de España para que se respetasen sus territorios ocupados por los portugueses en aquellos dominios y cedidos por estos á la Francia segun dejamos sentado en una nota anterior, y don Felix como práctico conocedor de aquellos paises, pudo ilustrar á su hermano suficientemente para que hablase en esta cuestion con datos positivos y periciales razones en favor de España, cuyo decoro é intereses se hallaban comprometidos en este asunto.

Sus servicios, su celebridad y la ventajosa posicion de su hermano, hicieron al gobierno de Madrid atender á don Felix, y en octubre de 1802 fué nombrado brigadier de la real armada, noticia que le comunicó su hermano de órden de S. M. C. Como este nuevo empleo le llamase á otras obligaciones que llenar en su patria, y no quisiese abandonar á su hermano, bastante achacoso por sus graves y grandes tareas diplomáticas en tan azarosos tiempos, solicitó y obtuvo real licencia para quedarse algun tiempo en París; pero como al fin del término se viese precisado á regresar á la península, determinó retirarse del servicio, y en diciembre de 1803 obtuvo su retiro conforme á ordenanza, quedando en la clase de disperso, y bajo la intendencia militar ó pagaduría del departamento de Cádiz. En este mismo mes y año obtuvo tambien su hermano don José Nicolás la aceptacion de la dimision que tenia hecha de su embajada, en cuyo penoso encargo no le permitia seguir ya su avanzada edad, y mas que esta sus dolencias y males crónicos que se agravaban de dia en dia.

Como al ser jubilado don José Nicolás se le conservase en su plaza efectiva de consejero de estado con todos sus sueldos y regalías, las que podria disfrutar en donde mejor le pareciese, los dos hermanos idearon el trasladarse á Roma á pasar sus dias, pues el bonancible y alegre cielo de la bella Italia, eran los sueños dorados de don José Nicolás que concibió la lisongera esperanza de fortificar en aquel hermoso pais su decaido espíritu y restablecer en algun modo su quebrantada salud. La determinacion de Azara de abandonar la Francia, afligió á Bonaparte que sentia separarse de sus buenos amigos los Azaras, tanto por lo mucho que les apreciaba, cuanto porque temia que con dificultad habian de mandarle un embajador capaz de reemplazar á hombre de tan relevantes prendas. No se engañaba aquel talento sagaz y previsor, la España tuvo en la edad avanzada y achaques de Azara una gran desgracia, pues á seguir este sàbio diplomático en su puesto, tal vez evitara los desastres de la, por otro lado gloriosa, guerra de la independencia, pues su amistad con el coloso del siglo, su sagacidad, saber y prudencia, hubiera sabido atajar el mal con tiempo, y la enfermedad, cuando no hubiera podido cortarse en su principio, hubiera sido menos peligrosa. Los sábios naturalistas sintieron tambien en sumo grado el tenerse que privar de las luces de don Felix, y no perdonaron alhagos y promesas para obligarle á quedarse en Francia; pero estaba decidido á seguir acompañando á su achacoso hermano, y nada fué capaz de hacerle variar de intencion.

Estaba decretado en los altos juicios de Dios, que no se cumpliesen los deseos de don José Nicolás y el que fueran ilusorias sus esperanzas de volver á la bella Italia al lado de sus preciosos objetos artísticos, adquiridos con tantos afanes durante muchos años, y así es que cuando lo tenian todo dispuesto los dos hermanos en enero de 1804 con el ánimo de emprender el viage á su pais para desde allí pasar á Roma en la primavera, cayó enfermo don José Nicolás el dia 25 por la tarde, de tal gravedad, que fué preciso administrarle los sacramentos al dia siguiente, en el que falleció á las cinco de la tarde en los brazos de don Felix y ausiliado por su buen amigo el cardenal Caprara.

Consternado don Felix con tan terrible golpe, fué acompañado en su dolor por las principales notabilidades de Francia que se agolparon á rendir las últimas pruebas de amistad á aquel sábio cuya falta lloraron las ciencias, las letras y las artes. Napoleon Bonaparte sintió infinito la muerte de su amigo, y en cuanto lo supo mandó al príncipe Taillerand á dar el pésame á don Felix de su parte y á ofrecerle cuanto pudiese necesitar, así como la colocacion que desease, pues desearia mantener á su lado al hermano de tan eminente amigo. Agradeció Azara el obsequioso mensage del primer cónsul y las sinceras protestas de amistad del príncipe, y dispuso todo lo necesario para el funeral y depósito del cadáver de don José Nicolás que fué conducido el 29 á la iglesia de San Juan con una pompa verdaderamente régia, por el lujo con que se verificó, y por acompañar al féretro cuantas personas ilustres y notables ofrecia París entonces. Depositados los restos de don José Nicolás que pasaron despues á Barbuñales en cuya iglesia se colocaron en un suntuoso sepulcro, y despues de haber arreglado todos sus asuntos, se despidió don Felix del primer cónsul, y de todos los amigos suyos y de su finado hermano, y en marzo del mismo año salió de Francia para Cataluña, y parando algunos dias con su familia en Barbuñales, se dirigió á Madrid á hacer entrega al gobierno de varios documentos diplomáticos que obraban en poder de su difunto hermano.

Luego que se presentó á los reyes, le manifestaron estos mucho sentimiento por la pérdida que habia esperimentado la diplomacia española en la muerte de su hermano, y le dieron gracias por haberles preferido á madama Bonaparte y á los soberanos de Rusia, Inglaterra y Alemania en cuanto á la venta de la preciosa coleccion de camafeos que fué de don José Nicolás, y la que demandada de su órden por el ministro don Pedro Ceballos en 23 de febrero, fué adjudicada á SS. MM. por la tasa que de ella hizo el célebre anticuario Visconti, la cual fué recibida por la reina María Luisa hacia pocos dias.

El gobierno que, como todas las personas de distincion le dieron pruebas de sentimiento de la muerte de don José Nicolás, se aprovechó de su llegada á la córte para que ordenase é informase sobre una multitud de espedientes y documentos relativos á la correspondencia con Portugal, en cuanto á la demarcacion de límites que habia ejecutado en América, y se le comisionó para que fuese á Lisboa á terminar los asuntos de la línea divisoria de ambas potencias en aquellos paises; pero ya sea que este asunto se terminase por medio de nuestro embajador cerca de S. M. F. ó porque se aplazase ó desistiese de este plan, lo cierto es que no se verificó el proyectado viage. En este tiempo se empeñó en retratar á don Felix el célebre pintor español don Francisco Goya, de cuerpo entero é hizo una obra tan perfecta que se tiene hoy por una de las mejores que salieron de su famoso pincel, y en esta estima la tiene su sobrino el actual marqués de Nibbiano don Agustin de Azara, en su casa de Huesca.

Don Manuel Godoy príncipe de la Paz y ministro de Estado, que gozaba el favor y entera confianza de Cárlos IV y de su esposa María Luisa, que asi como los primeros empleados de la córte le tuvo grande amistad é hizo muchas distinciones, quiso honrar en don Felix la memoria de su hermano don José Nicolás del que habia sido amigo y apasionado muchos años si bien le pagó con ingratitud en el último de su vida, y al efecto le brindó con el vireinato de Méjico tal vez en desagravio y para acallar su conciencia; pero don Felix que habia resuelto no volver á América y pasar el resto de sus dias en la tranquila paz del hogar doméstico, dió las gracias al valido por el honor que le queria dispensar: del propio modo rechazó las proposiciones que por los reyes se le hicieron para otros elevados destinos. Sin embargo, no pudo menos de admitir, por delicadeza, el empleo de vocal de la junta consultativa de fortificacion y defensa de ambas Américas, para el que fué nombrado en junio de 1805. Desempeñó este destino con esmero dando á la junta los luminosos informes que hemos publicado y comentado en sus *Memorias póstumas* hasta febrero de 1808 en que se retiró para siempre á Barbuñales, á fin de termisar sus dias con descanso en el seno de su amable y querida familia, lo que hizo con sentimiento de su amigo don Felix Colon de Larreategui del consejo y cámara de guerra, con el que habia estudiado en Barcelona siendo cadetes, y con el que vivió todo el tiempo que estuvo en Madrid en esta época.

Apenas se estableció en su pais en la casa de su hermano don Francisco Antonio que habia heredado de don José Nicolás el marqués de Nibbiano, se dedicó á leer y escribir sobre ciencias naturales á cuyo estudio tuvo singular aficion, y deseoso de completar sus obras sobre el Paraguay y Rio de la Plata, puso en órden sus apuntes y escribió la *Descripcion é historia del Paraguay* que hemos publicado y de la que llevamos hecha mencion. En el capítulo 9.° de esta, salva las equivocaciones en que incurrió en su obra sobre los cuadrúpedos, y hace observaciones que no tuvo presentes al publicar la de los pájaros, por cuya razon es este capítulo complemento de aquella obra. Su grande aficion á la agricultura le tenia siempre en movimiento recorriendo las haciendas de su familia, de las que levantó planos esactísimos, y enseñando métodos nuevos de labranza para mejorar las producciones y facilitar el trabajo. Su genio naturalmente festivo, su mucha instruccion y su ciencia para saber hablar á cada uno en su lenguaje, le grangeó el amor y aprecio de cuantas personas le rodeaban, y los sencillos labriegos le escuchaban como á un oráculo procurando retener en la memoria sus buenos consejos para seguirlos, y sus chistes para repetirlos, quedando aun en aquel pueblecillo de Aragon muchos decires agudos que hacen honor á su despejado talento, y en los que le recuerdan siempre que se repiten.

A pesar de la grande amistad que tuvo á su hermano el gran Napoleon, y de la que le profesaba á él y de los generosos ofrecimientos que le hizo antes de salir de Paris, el amor de la patria que tenia hondas raices en su corazon, acalló los sentimientos de la amistad sin faltar á la gratitud por los beneficios recibidos, y asi es que en cuanto los franceses invadieron la península y declararon sus hostiles intentos, á pesar de estar convaleciente de una grave enfermedad que acababa de padecer, escribió inmediatamente al gefe de las tropas españolas de Aragon el inmortal héroe Palafox, defensor de Zaragoza, para que contase con él en defensa de la independencia nacional, y le señalase el punto que fuese mas de su agrado. El comandante general de Aragon agradeció su generosa oferta; pero no creyó oportuno el ocuparle, atendiendo á su avanzada edad y á sus achaques.

Luego que los franceses ocuparon militarmente el pais, algunos gefes y oficiales del emperador que le habian conocido en Francia, y se habia honrado con la amistad de su hermano, y aun con la suya, pusieron particuyar empeño en atraerle á su partido, recordándole la amistad y aprecio de Bonaparte; pero todos sus esfuerzos se estrellaron en su lealtad y españolismo, y lejos de ceder á sus reiteradas instancias, aumentó por el contrario su patriotismo, dando voluntariamente á su nombre y al de su hermano don Francisco, grandes cantidades y muchos efectos á las tropas españolas, á las que como gefe de superior graduacion, arengaba y envalentonaba siempre que se le presentaba ocasion favorable.

A consecuencia de los atropellos y saqueos que sufrió la casa en Barbuñales durante la guerra, salió don Felix con el marqués su hermano y su familia para Barbastro en octubre de 1810, en donde recibieron las mayores pruebas de estimacion y aprecio de toda la poblacion; pero como aun aquí fuesen incomodados y como por otra parte tuviesen casa y haciendas en Huesca, ciudad á la que tenian particular aficion por haber estudiado en su universidad los dos hermanos, y estar allí casada doña María del Pilar hija de don Francisco, se trasladaron al octubre siguiente á quella poblacion, en donde se estableció la casa definitivamente; pero los veranos iba don Felix con la familia á pasarlos en Barbuñales.

Tan pronto como concluyó la gloriosa guerra de la independencia española, en la que se señalaron tantos héroes, y entre ellos la siempre heróica *condesa de Bureta*, que vino á ser uno de los mejores y mas ilustres blasones de la familia, se apresuró don Felix á felicitar á Fernando VII á su paso por Zaragoza, cuando de vuelta de su cautiverio en Valencey, vino el año de 1814 á ocupar el trono de sus mayores. Tranquilo el pais y libre de los azares de la guerra, volvió don Felix á ocuparse de cosas útiles á su nacion, y escribió unas *reflexiones económico-políticas, sobre el estado que tenia el reino de Aragon en* 1818, en las que manifiesta con claridad y precision la decadencia en que entonces se hallaba esta parte de la península, y los medios de mejorar la agricultura, la industria y el comercio. La copia de tan interesante escrito pasó al gobierno, que puso en práctica algunas de sus proyectadas mejoras, y mereció por él nuevos lauros y el aprecio de sus paisanos. Instituida en 1815 la real órden americana de Isabel la Católica, le brindó el gobierno con la gran cruz, pero su modestia no le permitió admitirla y la reusó.

En 1817 le comisionó el rey para que visitando la Alberca llamada de Loreto en el término de Huesca, proporcionase mayor estension de riego á las tierras que se regaban con sus aguas y á otras. Cumplió don Felix lealmente y con el celo que le caracterizaba en servicios patrióticos este importante encargo, dando al efecto el luminoso informe que podia esperarse de sus vastos conocimientos como hábil ingeniero.

Igualmente informó al gobierno en 1818, sobre el Pantano de Huesca que riega la mayor parte del término de esta ciudad, á la que hizo servicios importantes.

Agradecida la ciudad á sus beneficios, luego que falleció su hermano don Francisco, que era regidor decano de su ayuntamiento, nombró á don Felix para sucederle; y en este noble destino supo prestar al pueblo, cuyos intereses defendió con energía, tan importantes servicios, que á su fallecimiento decian los afligidos huescanos, que se les habia muerto su padre.

No debemos pasar en silencio, porque esto prueba su generosidad, gran desinterés y patriotismo, y de consiguiente honra su memoria, el que desde que salió de América el último de noviembre de 1800 hasta su fallecimiento, no cobró ningun sueldo ni estando en el servicio, ni despues de retirado, ni en las comisiones en que se le ocupó despues de su venida de Francia, pues desde aquella época se mantuvo de sí mismo cediendo á la nacion los doce mil reales de sueldo que tenia de asignacion, y cuanto hubieran debido asignarle por sus trabajos estraordinarios.

A pesar de algunos achaques que no dejaban de molestarle de cuando en cuando, disfrutaba de una jovial alegria, cuando vino á turbársela el fallecimiento de su hermano don Francisco, que ocurrió en Huesca el 2 de mayo de 1820. Desde este fatal golpe fué decayendo su natural alegria y abatiéndose su espíritu, no desconociendo él la proximidad de su fin, como no pocas veces se lo decia á su querido sobrino don Agustin, en cuya compañia se hallaba, desde que este heredó el título y bienes de su difunto padre que hoy posee. En efecto, su presentimiento no le engañó, y cayendo gravemente enfermo de una pulmonia fulminante el dia 17 de octubre de 1821, falleció el 20 en brazos del actual marqués de Nibbiano, cuyos cariñosos cuidados tuvo lugar de conocer, puesto que recibió los Santos Sacramentos con la mayor resignacion cristiana, y que conservó su razon y conocimiento hasta que tranquilamente entregó su espíritu al Creador, siendo de edad de 79 años, 5 meses y un dia, dejando tan buena memoria que aunque muerto resplandece su nombre.

Murió soltero, y en su testamento dejó por heredero universal de sus bienes á su espresado sobrino *don Agustin*, cuyo marqués honró su buena memoria, haciéndole un suntuoso entierro y funeral con asistencia del cabildo y de todo lo principal de la poblacion. Su cadáver se depositó en la catedral de Huesca, en el Panteon de la ilustre familia de Lastanosa, perteneciente entonces á sus sobrinos don Leoncio Ladron y doña Maria del Pilar de Azara.

Ademas de las obras de los cuadrúpedos y de los pájaros, cuyas impresiones se han repetido y publicado traducidas en diferentes idiomas, con elogios que honran al autor estraordinariamente, dejó escritas el don Felix la que en el año pasado de 1847 ha publicado su sobrino *don Agustin de Azara, marqués de Nibbiano*, bajo nuestra direccion y con notas nuestras titulada: *Descripcion é historia del Paraguay y del Rio de la Plata*, la cual concluyó en 1806, y aumentó despues tal y como se dió á la prensa; la *Memoria rural del Rio de la Plata*, escrita en 1801, y la cual ha publicado el mismo señor marqués en union con otra Memoria sobre los límites del Paraguay, con el título de *Memorias* de don Felix de Azara; obra que como la anterior ha sido sumamente elogiada por toda la prensa española en el año pasado de 1847 y en enero del presente; el esactísimo mapa de todos los viages que hizo por el Paraguay y sus cercanías, en el que situó todos los pueblos, parroquias y puntos notables por latitudes y observadas demarcaciones, de cuyo mapa dió copia al ayuntamiento de la Asuncion como ya hemos dicho, y el cual no ha podido hallarse despues en las oficinas del gobierno, ni encontrarse sus borradores, razon por la que no hizo el autor la impresion de la presente obra, y la ha retardado su heredero; y en fin, tambien dejó escritas las *Reflexiones económico-políticas* sobre el reino de Aragon, de que ya hemos hablado, el *Diario de la navegacion del rio Tibicuari*, ya mencionado, y otra porcion de papeles, anotaciones curiosas sobre ciencias naturales, geografía é historia de los puntos de América que visitó, y del reino de Aragon.

Si bien los biógrafos estrangeros se han ocupado casi todos en los tiempos modernos, en hacer honor á la memoria del Azara diplomático, aunque generalmente con sobrada concision, ligereza y poca esactitud, ninguno, á lo que sepamos, se ha ocupado de consignar un recuerdo biográfico al Azara naturalista; empero si aquellos no lo hicieron tal vez por no eclipsar nombres nacionales de menos valía en la república de las ciencias, los americanos españoles quisieron recordar y recordaron los hechos y científica vida de don Felix, publicando en la Habana en marzo de 1839 en la *Cartera Cubana*, una biografía bastante esacta. En esto, con respecto á los españoles, fué mas feliz don Felix que su hermano don José Nicolás, pues si bien *Andrés*, *Sampere*, *Aso*, *Bayer*, *Arteaga* y otros escritores españoles hacen justicia en sus obras á los talentos y virtudes de este célebre español, solo *La Tasa* en su biblioteca de escritores aragoneses, dá una brevísima noticia biográfica de don José Nicolás de Azara, habiéndonos tocado la suerte, si bien por encargo de su ilustrado sobrino y heredero *don Agustin, marqués de Nibbiano*, de ser el primero que ha publicado una estensa biografía de tan esclarecido español, en el *Diccionario Universal de historia y geografía*, que se publica actualmente en Madrid por el editor don Francisco de Paula Mellado, cuyo artículo biográfico se ha publicado tambien en enero de este año con el retrato de don Felix en el *Trono y la Nobleza*, periódico heráldico y literario de Madrid, y un estracto de él, con retrato en el año pasado de 1847, en los periódicos de literatura *Museo de las Familias*, y Boletin oficial del *Instituto Español*.

El honor que se nos ha dispensado de escribir la vida documentada y estensa de don José Nicolás que se imprimirá despues de esta obra, nos proporciona tambien la satisfaccion de dar á conocer en ella á don Felix que como militar mereció bien de su rey y de su patria, y como naturalista y escritor honró á este así como á los demas miembros ilustres que ha producido la noble familia de los *Azaras*, gloria de Aragon, y uno de los selectos timbres de la culta nacion española.

NOTAS.

I. Pág. 95.

A pesar de lo que trabajó don Felix para cortar las disputas entre ambas naciones y fijar definitivamente los límites con arreglo á los tratados, no pudo conseguirlo del todo, porque los comisarios portugueses que no caminaban de la mejor buena fé, se opusieron á un arreglo definitivo, empeño que tuvieron siempre desde que pisaron sus compatriotas aquel territorio mas por negligencia de los españoles que por verdadera conquista y primacia en el descubrimiento como digimos en nuestras notas á la *Descripcion é historia del Paraguay* de este autor, y en las que insertemos en sus *Memorias póstumas*. Tanto, no se acabaron estas diferencias entre ambas naciones, que los portugueses prosiguiendo en su usurpacion y mala fé, celebraron en Madrid en 29 de setiembre de 1801 con el embajador de la República francesa Luciano Bonaparte hermano del entonces cónsul Napoleon y sin intervencion del gobierno español, un tratado de paz, por el que cedió á la Francia y se reservó para sí, terrenos pertenecientes á la España con el intento sin duda de hacer por este medio mas seguras sus usurpaciones, como dijo en su comunicacion oficial á don José Nicolás de Azara en 9 de Agosto de 1802 el ministro don Pedro Ceballos.

En este tratado y en su artículo 4.º estendido para fijar los límites de la Guyana francesa, se pactó lo siguiente: «Los límites entre las dos Guyanas francesa y portuguesa, serán determinados en adelante por el rio Carapanatuba que desagua en el de las Amazonas á cosa de un tercio de grado del Ecuador, latitud septentrional sobre el fuerte Macapá. Estos límites seguirán la corriente del rio hasta sus fuentes, desde donde continuarán por la gran cordillera de montañas que parte las aguas: seguirán los recodos de esta cordillera hasta el punto en que se acerca mas el rio Blanco hácia el segundo grado y un tercio al norte del Ecuador.» Cuantos terrenos ocupó el Portugal en la orilla septentrional del Marañon, han sido usurpaciones hechas á España contra el tenor de los tratados antiguos á los que han faltado siempre sus gobiernos, y muy principalmente en el citado tratado con la República francesa. Consecuente á esto el rey Cárlos IV, por conducto de su ministro Ceballos, mandó á Azara, su embajador en París, reclamase acerca de que los límites de su colonia la Guyana, no se estendiesen por el occidente hasta el punto designado en el citado tratado de 29 de setiembre de 1801, sino que se contuviesen en los puntos estipulados entre España y Portugal en 1750 y 1777, y que de modo alguno se procediese á la descripcion y señalamiento de límites sin la intervencion del gobierno español, haciendo al efecto la competente protesta por lo verificado. El sábio don José Nicolás de Azara reflexionando sobre este negocio tan complicado, hizo ver al ministro Ceballos con su energia propia, que reduciria su protesta á reclamar el cumplimiento de los artículos preliminares de la paz firmada en Lóndres confirmados solemnemente en el congreso de Amiens, por los que quedó nulo el contrato de Madrid de 1801. En efecto así lo hizo en documento oficial hecho al primer cónsul en 3 de setiembre de 1802 que poseemos. Como en el referido congreso de Amiens se estableció que la Guyana francesa no se estendiese mas que hasta el rio Arari que emboca en el Marañon cerca del Cabo-Norte, pidió Azara espli-caciones al gobierno francés sobre la inteligencia de la cláusula que alargaba los confines de la Guyana francesa y este negocio entre España y Portugal volvió á complicarse y seguiria aun en este estado, á no haberse hecho independientes nuestras colonias. Don Felix que en esta época se hallaba en Paris ilustró á su hermano sobre esta materia.

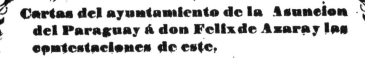

Cartas del ayuntamiento de la Asuncion del Paraguay á don Felix de Azara y las contestaciones de este.

II. Pág. 101.

Carta del muy ilustre cabildo, justicia y regimiento de la ciudad de la Asumpcion.

Esta ciudad se halla cerciorada de las particulares noticias que el celo infatigable de V. S. tiene adquiridas de la situacion, estension, rios, bosques, lagunas, montes, pueblos, villas y lugares que contiene esta vasta provincia, á cuyo efecto ha tomado V. S. las molestias de viajar por toda ella y reconocerla en persona, y no satisfecho con esto, sabe la ciudad que V. S. con su incesante fatiga ha procurado orientarse á fondo de cuanto vá referido, unas veces leyendo los monumentos antiguos con particular aplicacion, y otras inquiriendo de personas inteligentes cuantas noticias ha conceptuado V. S. puedan conducir á los mismos fines; de forma que sin hipérbole puede asegurar la ciudad, ser V. S. en el dia el individuo que puede con sólido fundamento demostrar facultativamente las predichas noticias; y deseando la ciudad tenerlas reducidas para perpétua memoria en un mapa que las comprenda, como asimismo un plano de este rio Paraguay estensivo hasta las reducciones nombradas los Chiquitos, y agregacion de noticias que exhorte uno y otro; satisfecho de la benevolencia de V. S. viene en suplicarle tenga la dignacion de poner en ejecucucion el mapa y plano que solicita, á fin de que colocándolos de firme en su sala capitular, sirva de instruccion en los asuntos ocurrentes que á cada paso se ofrecen, cuyo favor quedará vinculado en un eterno reconocimiento de esta ciudad.

Nuestro señor guarde á V. S. muchos años. Sala capitular de la Asumpcion 22 de marzo de 1793.

Don Juan Valeriano de Zevallos.—Don Antonio Vigil.—Don Fermin de Arredondo y Lovaton.—Don Francisco Olegario Mora.—Don Luis Pereira. — Don Bartolomé Lacoisqueta. — Don Francisco de Haedo.—Don Benito Ramon Carrillo.—Don Francisco de Issasi.—Don Francisco Montiel.—Señor coronel don Felix de Azara.

III. Pág. 102.

Respuesta á la carta antecedente.

Recibí el oficio de V. S. de 22 de marzo en que solicita que le franquee el mapa que he hecho de esta provincia con otro de este rio hasta las reducciones de Chiquitos como tambien otras noticias que cree haber recibido, todo con el fin de instruir á V. S., de transferir estas noticias á la posteridad, de ilustrar la historia pasada y futura y de dar un laudable egemplo y poderoso estímulo á todas las ciudades para que busquen de un modo semejante los medios de adelantar la geografía y la historia.

La gravedad del asunto detuvo mi contestacion hasta ahora en que me he resuelto á condescender con la atenta súplica de V. S. Para ello estoy finalizando los cálculos y dando el último toque á dichos mapas y noticias que dentro de pocos meses pondré en manos de V. S., porque he reflexionado, que quedando mis mapas bien asegurados en esta sala capitular ó archivo, podrán servir en cualquier siglo no solo para hacer ver el estado natural de la provincia, y para cotejarlo con el que tuviese entonces, sino tambien para que cuando algun pueblo ó parroquia se fundase ó trasladase, pueda el cabildo disponer que se sitúe en dichos mapas lo mismo que los nuevos descubrimientos de los rios y paises.

De esto modo insensiblemente y sin trabajo se irá añadiendo lo nuevo y lo que faltare, y se corregirán los yerros que hubiese: todo lo cual podrá hacer cualquiera un poco curioso sin necesidad de hacer observaciones astronómicas ni repetir las grandes penalidades que he sufrido.

Nuestro señor guarde á V. S. muchos años. Asumpcion 12 de abril de 1793.—Felix de Azara.

Muy ilustre cabildo, justicia y regimiento de la ciudad de la Asumpcion.

Carta de don Felix al cabildo secular de la Asumpcion.

Para cumplir la palabra que dí en respuesta á los requerimientos de V. S., incluyo el mapa de esta provincia y la de Misiones con otro que espresa el curso del rio Paraguay, sus confines é inundaciones anuales como tambien la siguiente descripcion histórica, política y geográfica de la comprension de dichos mapas; pero como no he tenido mas tiempo que dos meses para escribir y ordenar las ideas; y por otra parte estoy escaso de libros y no del todo impuesto de los papeles del archivo, no he podido detallar muchas cosas, y tengo por cierto que otro con mas tiempo é instruccion hará la cosa mejor.

Sin embargo, he tocado todos los puntos sustanciales que pueden interesar á la historia y á la felicidad de la provincia. Por lo que hace á los mapas son sin duda los mejores que hasta hoy se han visto de provincia alguna americana. Solo falta que V. S. requiera y exija de los demarcadores de límites cuando señalen la frontera por los rios Yaguari y Corrientes ó Appa, un mapa de su demarcacion, porque como no he andado por allá, el mio no puede ser en esta parte del norte tan esacto como lo demas.

Con esto nada falta que hacer para que V. S. quede satisfecho de mi buena voluntad y de que soy agradecido á lo mucho que he debido á la provincia y á los particulares en los nueve años y medio que la suerte me ha detenido por acá.

Nuestro señor guarde á V. S. muchos años. Asumpcion 9 de julio de 1793.—Felix de Azara.—Muy ilustre cabildo, justicia y regimiento de la ciudad de la Asumpcion.

VI. Pág. 102.

Respuesta á la carta antecedente.

Ha recibido esta ciudad el oficio de V. S. de 9 de julio último, con el mapa de la provincia, otro que demuestra el curso de este rio Paraguay, sus confines é inundaciones, como tambien la descripcion histórica, física, política y geográfica de la comprension de dichos mapas; obras á la verdad sumamente grandes y muy propias de los altos talentos de V. S. por cuya beneficencia queda la ciudad poseyendo alhajas tan distinguidas de que congratula á V. S. muchas gracias, y siendo su reconocimiento inferior á esta gran dádiva y don que V. S. se ha dignado dispensarle por solo un efecto de su generosidad, en manifestacion de la gratitud en que queda, tiene acordado con esta fecha en sus libros capitulares pasen á la morada de V. S. dos regidores, y á nombre de la provincia le hagan presente como el distinguido favor de V. S. ha vinculado en su gratitud un eterno reconocimiento y que en su manifestacion ha acordado igualmente que á V. S. se le tenga y reconozca por uno de sus primeros republicanos y compatriotas bajo del respeto, estimacion y benevolencia á que es acreedora la persona de V. S. tanto por las circunstancias con que le adornó el Todopoderoso, como por este particular y grande servicio que V. S. se ha dignado hacer á esta ciudad.

Nuestro señor guarde á V. S. muchos años. Sala capitular de la Asumpcion del Paraguay, setiembre 23 de 1793.

Don Juan Valeriano de Zevallos.—Don Antonio Vigil.—Don Fermin de Arredondo y Lovaton.—Don Francisco Olegario de la Mora.—Don José Luis Pereira.—Don Francisco de Haedo.—Don Bartolomé Lacoisqueta.—Don Benito Ramon Carrillo.—Don Francisco de Isassi.—Don Francisco Montiel.—Don Alonso Ortiz de Vergara.—Señor don Felix de Azara, capitan de navío de la Real armada.

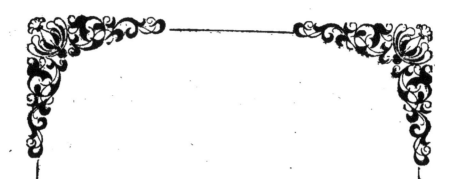

DON LORENZO DE AZARA.

Presidente del cabildo de la santa iglesia de Huesca.

Nescit labi virtus.

Patientia opus perfectum habet. (Santiago in sua canon, capitulo 1. n. 4.)

A universidad de Huesca puede vanagloriarse de haber fecundado el ilustre árbol de los Azaras. De este florido árbol, y de los mismos padres que don Mateo, nació don Lorenzo en Barbuñales el 12 de agosto de 1736. Así como sus demas hermanos, fué á Huesca en compañía de su tio don Mamés y bajo su sábia direccion estudió en su universidad filosofía, jurisprudencia y cánones de los que se graduó de doctor en octubre de 1759, á la edad de 22 años.

De todos los Azaras hermanos, este fué el de genio mas vivo y el único que se sepa, despues de don José Nicolás, que haya sido apasionado de las Musas, pues con una rica imaginacion cuyos bellísimos conceptos habia fijado su buena educacion y mejor instruccion, su pasion favorita era pulsar la lira de los trovadores, y si no muriera tan jóven, ó en aquella época no tuvieran los de su edad tanta modestia, estamos seguros de que se le hubiera inscripto en el Aganipe del Parnaso aragonés, á juzgar por las bellas composiciones místicas y profanas que dejó escritas en verso, en las que con elegante estilo, facilidad y fluidez se ven sobradamente sus buenas dotes poéticas, y se admira la elevacion de sus ideas, y la riqueza de su fecunda imaginacion.

Al año siguiente de haber tomado la borla de doctor en cánones, hizo oposicion á las cátedras de la universidad de Huesca, y saliendo airoso en ella, obtuvo la de sesto año y la de Decretales despues en las cuales tuvo la satisfaccion de ser querido de sus discípulos por su amabilidad, y su buen método de enseñanza, siendo al propio tiempo temido y respetado por su energia y por que sabia hacerse obedecer.

El año de 1762 obtuvo don Lorenzo una plaza de colegial, en el real y mayor de san Vicente Mártir en la espresada ciudad; pero en marzo del siguiente, el señor Manzano le dió con pension su dignidad de Chantre de aquella iglesia catedral, que era la segunda silla ó dignidad del cabildo pues que á falta de dean, que es la primera, tenia que presidirle. Como falleciese el espresado señor dentro del primer año de su donacion, quedó nuestro Azara en propiedad de la dicha dignidad y libre de la pension impuesta.

Sucedió que en el mismo año de 1763, fué á Sietamo de Aragon, pueblo de su naturaleza, el célebre conde de Aranda que era entonces capitan general de los ejércitos y presidente del consejo de Castilla. Sabiendo la universidad de Huesca la residencia del conde en el espresado pueblo, determinó obsequiarle haciéndole doctor y al efecto nombró una comision del claustro para ofrecerle la borla. De presidente de esta honrosa comision se mandó á don Lorenzo, elegido para llevar la palabra por su talento superior y por su florida elocuencia: en efecto, arengó al conde en un poético y sentido dicurso, en que espresó elocuentemente los deseos del claustro y los merecimientos del agraciado á satisfaccion de todos, y el conde admirado de su claro ingenio y de su buen decir, le celebró mucho y le obsequió particularmente ofreciéndole su amistad.

Falto de rector el colegio de san Vicente en 1767, fué nombrado para este empleo que desempeñó con celo é inteligencia, asi como el de vice-Maestrescuelas que le confirió la universidad, en cuyo claustro fué tenido por una notabilidad científica y literaria. Como ocurriese la falta de dean en la catedral, el cabildo haciendo justicia á su virtud y saber, le nombró su presidente á pesar de su corta edad, y este fué un honor que debió lisongearle mucho, atendiendo á que entre los canónigos de su tiempo habia no pocos que, á la esperiencia de la edad, reunian sobrada capacidad é instruccion para aquel encargo, en el que no se descuidó jamás, pues que cumplió con él todos los momentos de su vida, razon por lo que pudo bien aplicársele la empresa de la grulla vigilante con el lema de la justicia: DORMIENDO VIGILO.

La morada de don Lorenzo en este mundo, se decretó por Dios fuese mucho mas corta que la de sus demas ilustres hermanos, y la muerte debia cortar el hilo de su vida en la flor de su edad y al principio de su carrera. Una maligna talparia le apareció en la frente en 1770, y aconsejándole los médicos, pronosticando mal de este mal, que pasase á curarse á Barcelona, lo verificó; y en efecto, despues de haberse medicinado mucho pareció curarse, y creyéndose bueno volvió á Huesca á seguir en sus ordinarias ocupaciones. Empero la enfermedad era mortal, y solo habia hecho una pequeña tregua; asi es que reproduciéndose al año siguiente con doble fuerza, volvió á Barcelona en donde le desengañaron los facultativos, manifestándole que su mal era incurable. Hallábanse á la sazon á su lado sus tres hermanos don Eustaquio, abad de Amer y Rosas, don Mateo, oidor de aquella audiencia y don Felix, capitan de ingenieros, y abrazándolos con el mayor amor, testando á favor de sus amados padres, se dispuso para morir con la mas santa conformidad y con una resignacion cristiana que admiró á todos á vista de su corta edad y de las esperanzas que su posicion, ya ventajosa, le podia haber hecho concebir. Como una prueba de la paciencia y serenidad con que aguardaba la muerte citaremos, que á los diez dias de haber recibido la Extrema-uncion, tuvo tal despejo y presencia de espíritu, que escribió una larga carta llena de máximas relligiosas y morales á un amigo de Huesca á quien queria mucho, y del cual se despedia hasta la eternidad; pero como conservase su genio vivo y alegre hasta en los últimos dias de su vida, y no le abandonasen las Musas hasta el sepulcro, toda la carta estaba sembrada de agudezas y la concluyó con unos buenos versos alusivos al próximo viage que iba á emprender á la vida eterna. Esta carta acredita el mucho talento é ilustracion de don Lorenzo, su fecunda imaginacion, su vena poética y su amabilidad estraordinaria, dotes que le habian adquirido un don de gentes que logran muy pocos. Agravado el mal, murió este buen sacerdote español el 15 de agosto de 1773, á los 37 años y 3 dias de edad, siendo asistido en sus últimos momentos por sus tres espresados hermanos, que honraron debidamente su memoria y le dieron sepultura en la iglesia del convento de agustinos descalzos de santa Mónica. La memoria de sus virtudes y talentos aun vive en la iglesia catedral de Huesca, y no se eclipsó jamás por nadie en la universidad de esta ciudad hasta su reciente estincion, siendo en ella proverbial la paciencia con que supo llevar sus dolencias y su buen caracter y amabilidad para con sus discípulos.

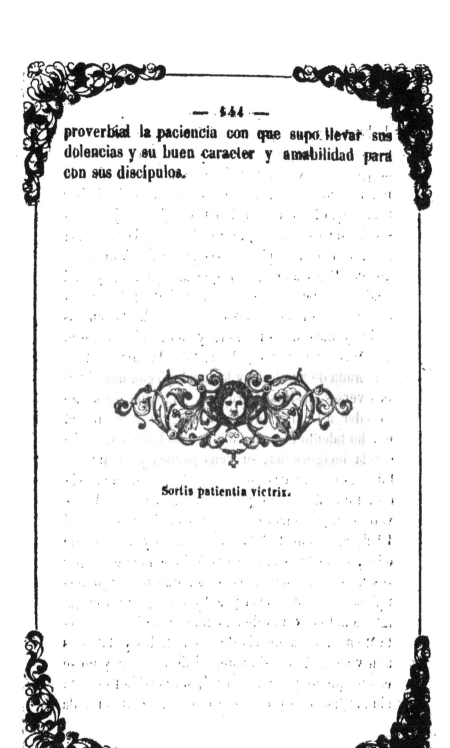

Sortis patientia victrix.

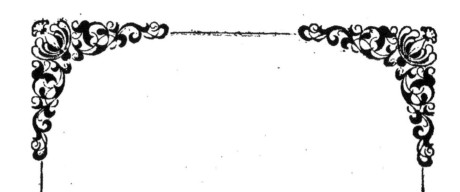

DON MATEO DE AZARA.

Oidor de la audiencia de Barcelona.

Virtutis et justitiæ fama.

Fundamentum perpetuæ commendationis, et famæ est justitia, sinequa nihil potest esse laudabile. (Ciceron lib. 2 Offic.)

Es fortuna que pocas veces se logra en una familia el ser muchos hermanos, y no haber alguno que se descarrie de la buena senda, sino que todos caminen á igual fin y todos logren hacerse un buen lugar por su virtud é instruccion. Es cierto que una buena educacion y acertada direccion desde los primeros pasos que dé el hombre en este planeta, puede hacerle mantenerse en él cómodamente y captarle el aprecio de sus semejantes por sus bellas cualidades, dándole laureles con que ornar sus sienes en premio de su mérito y saber; empero como no todos nazcan con una buena organizacion mental y un caracter y genio bondadoso y pacífico, muchas veces la mejor educacion y la mas sólida instruccion no bastan á contener al que por su constitucion está dispuesto á no sufrir freno alguno capaz de contenerle, y que, por desgracia de su familia, nació para emborronar sus esclarecidos y limpios blasones, ó eclipsar la brillante reputacion de sus mayores con su punible y lamentable conducta. La familia de los Azaras no sabemos haya esperimentado la desgracia de producir un miembro corrompido, y su árbol se ha conservado hasta nosotros, sano y frondoso, aumentando su lozanía y hermosura los ilustrados descendientes de don Alejandro. Quiera el cielo conservar en su lustre á esta benemérita familia, y librarla de que una rama podrida por el contagio de pestíferas pasiones, haga enfermar y perecer el árbol que por tantos años se ha conservado fuerte, bello y robusto para gloria de Aragon.

Vástago florido de este magnífico árbol, fué don Mateo de Azara, hijo de don Alejandro y de doña María Perera, el cual nació en el pueblecillo de Barbuñales de Aragon el 20 de setiembre de 1733. Luego que estuvo en disposicion, pasó á Huesca en compañía de su tio don Mamés, canónigo de aquella catedral y catedrático de su universidad, y bajo su direccion estudió la gramática latina, la filosofía y las leyes, haciendo en estos estudios rápidos progresos, y luciendo su talento en los muchos actos públicos que sustentó. El 28 de octubre de 1759, tomó la borla de doctor con la suntuosidad que en aquella época se adquirian estos grados, y teniendo para ello toda la suficiencia que era necesaria en tiempos en que el estudio se hacia con mas profundidad, y en los que no era una mera escena cómica esta dignidad literaria como llegó á serlo despues.

Con el ánimo de dedicarse á la iglesia, solicitó una canongía en aquella catedral, la cual estaba vacante por el fallecimiento del doctor don Ignacio Lisa; pero en el cabildo celebrado para su provision en 22 de diciembre del mismo año, la perdió por un solo voto. Tambien hizo oposicion á las cátedras de la universidad y aunque én todas salió con lucimiento, le sucedió lo que con la canongía, y tal vez fué este un aviso de que no le queria Dios para estas carreras. Conociéndolo así se dirigió á Madrid en 1760 en donde gozó del mayor crédito como abogado en los ocho años que estuvo en la corte. Su bufete fué visitado por las personas de la mayor distincion que le confiaron sus negocios, y tuvo la proporcion de lucir su talento y clara elocuencia en pleitos y causas difíciles y de empeño, siendo muy pocas las veces que no sacó airoso á su defendido, y jamás tomó á su cargo un pleito en que su conciencia no le dictase ser justo y en el que para hacer triunfar á la injusticia tuviera que emplear sofismas y hacer uso de la mala fé forense.

El crédito y buena fama que adquirió en la córte le valió el relacionarse con las personas mas poderosas en el gobierno, y le empleó en beneficio de su pais. Consiguió con su influencia el que se pusiera en Barbuñales alcalde independiente, pues que antes solo habia regidores sujetos al de Pertusa pueblo de mayor vecindario. En este mismo tiempo solicitó y consiguió de la autoridad eclesiástica el que se dotase de cura propio al pueblecillo de la Cuadrada de Aragon que no tenia mas que un capellan que iba á asistirle de un pueblo vecino, y no contento con esto, deseando mejorar la suerte de este cura y de los de Pertusa, Barbuñales, Laluenga y Laperdiguera que eran los pueblos mas pobres del obispado, consiguió el que se les aumentasen sus dotaciones, y que se nombrase ademas un teniente cura con una buena dotacion en cada uno de los tres últimos pueblos que acabamos de citar. Su amor al trabajo fué tal que jamás se le vió ocioso y sí siempre ocupado en bien de la humanidad por lo que bien pudiera designársele en su empresa con aquel dicho del sábio:

NULLUM ME A LABORE RECLINAT OTIUM.

La Cámara de Castilla le consultó para las audiencias de Oviedo, Valladolid y Granada, pero el teatro donde habia de lucir su talento no eran los puntos indicados, y así que fué nombrado Alcalde del crímen de la audiencia de Barcelona en noviembre de 1769, en cuya ciudad se captó el aprecio general por su rectitud y justificacion que supo hermanar con su natural afabilidad; y por su talento, instruccion y buenas cualidades, se hizo estimable y apreciable de sus compañeros, de las demas autoridades y de todos los hombres instruidos.

Lo bien que cumplió con su destino y su buena fama le valió el ascenso á oidor, ministro de lo civil de la misma audiencia de Barcelona en 29 de setiembre de 1774, como se vé por el real título firmado por Cárlos IV que tenemos á la vista en el que se dice dársele esta plaza por ascenso de don Gabriel Irabien á presidente de la Chancillería de Valladolid. En virtud de este documento juró la espresada plaza en 17 de octubre del mismo año en manos del regente de la audiencia don Gerónimo Velarde y Sola. Penetrado en este destino de que ANIMA REGNI JUSTITIA, pocos jueces lo han igualado en providad y rectitud.

El rey premió tambien sus méritos y servicios condecorándole con la cruz de la real y distinguida órden española de Cárlos III. Caballero y oidor supo cumplir acertadamente y merecer el aprecio público correspondiendo á la buena fama de que gozaba entonces su apellido, por los distinguidos puestos que con aceptacion general ocupaban sus hermanos en la sociedad.

Dispuesto estaba que este Azara no llegase á contar los años que sus padres y sus demas hermanos, escepto don Lorenzo, pues todos pasáron de los 70 años. Cayendo enfermo en agosto de 1775 le mandaron los médicos tomar las aguas de la Espluga, por cuya razon se dirigió al real monasterio de Poblet acompañado de su buen amigo el señor conde del Asalto, que entonces era capitan general del Principado de Cataluña.

Hallábase entonces el magnífico monasterio de Poblet en su mayor auge sirviendo su grandiosa hospedería de seguro albergue á la infinidad de forasteros y gentes de todas naciones que iba á admirar la antigua morada de los reyes de Aragon que le convirtieron en su regio panteon. Sus religiosos obsequiaban á sus huéspedes con profusion y amabilidad, y los pobres del pais hallaban en ellos unos cariñosos padres que atendian y cuidaban de su subsistencia. Si no censuramos la providencia que suprimió las órdenes monásticas por creerlas incompatibles en cierto modo, si bien no tanto como se pretende, con el espíritu del siglo y aun perjudiciales á las reformas establecidas, á pesar de que creemos que pudieran haberse estinguido sin violencia, y logrado el propio fin que se propuso el gobierno en aquel entonces por medios mas suaves, lo que en nuestro concepto hubiera hecho mas débil la resistencia dinástica y de principios, y de menos duracion tal vez la guerra civil desastrosa porque hemos pasado; lo que sí lamentamos es que nuestras disensiones políticas no haya respetado entre otros muchos que se han destruido tambien sin fruto alguno, aquel magnífico monumento que tantas glorias recuerda á la nacion y que el vandalismo y el furor de los combatientes, todos españoles, haya llevado su encono hasta la destruccion mas espantosa, pues que el respetable y magnífico monasterio de Poblet, página ilustre de nuestra historia nacional, no es hoy mas que un monton de ruinas!

Nuestro don Mateo fué perfectamente recibido por los monges, y como las aguas de la Espluga le empeorasen en vez de aliviarle como se prometieron los facultativos, llamó á su hermano don Eustaquio, que entonces era abad de los reales monasterios de Santa Maria de Amer y Rosas el que sabiendo la gravedad en que se encontraba se trasladó inmediatamente á Poblet.

Ambos hermanos se abrazaron tiernamente, y conociendo don Mateo la proximidad de su muerte, se dispuso á ella con la mayor resignacion, siendo egemplar su paciencia y edificante su devocion hasta para los religiosos que le acompañaban. Falleció por fin don Mateo en los brazos de su hermano y á la vista de su buen amigo el conde que no le abandonó ni un momento, el dia 1.º de octubre del espresado año de 1775, siendo de 42 años y 15 dias. Despues de unas magníficas exequias con que honraron su cadáver los religiosos, se le dió sepultura en la iglesia del mismo monasterio, en el que recordamos haber visto la lápida antes de la destruccion del convento. Murió soltero por lo que le heradaron sus padres que vivian todavia. Su muerte fué sentida en Barcelona, en donde la audiencia le hizo unas brillantes exequias, porque su caracter amable y justificacion le habian grangeado el amor de los barceloneses.

Justicia thronum firmat.

DOÑA MARIANA

DE AZARA.

Inter sidera.

Ditabit frutibus Aevun.

La madre virtuosa, es una diestra jardinera que sabe cultivar sus renuevos para enriquecer con ellos el jardin de la sociedad y mandar bellas flores al cielo. (Saavedra prov.)

Solo hubo una señora entre los siete hijos del afortunado don Alejandro y de la feliz doña Maria Perera, que no por serlo y por pertenecer al sexo débil y bello, fué menos fuerte, ni por ello dejó de contribuir con sus virtudes al lustre y buen nombre de su familia siendo como una refulgente estrella entre los seis luminosos astros. Heredera de las bellisimas prendas de su madre á quien debió su esmerada educacion y con quien vivió siempre hasta que se casó, la imitó en su virtud y religiosidad, y ayudándola en el gobierno de la casa y en el cuidado de su hermano menor don Francisco, aprendió la prudente economia para gobernar una casa, los deberes de una fiel y amante esposa, y los que impone la naturaleza á las mugeres en todos los estados: en fin supo adquirir los conocimientos necesarios para ser una buena é ilustrada madre de familia.

Con dotes de tal valía, y con una hermosura y gracia no comun, no podia menos de tener multitud de adoradores que pretendiesen su mano con avidez. No solo los jóvenes hidalgos del pueblo de Barbuñales, donde habia nacido en 13 de diciembre de 1739, la solicitaban, si que muchos señores de Aragon la pidieron en matrimonio á sus padres; pero estos que si bien deseaban casar á su querida hija con un hombre digno de ella por su virtud y nacimiento, no querian forzar su voluntad, siguiendo la inmoral costumbre de aquellos tiempos en los que solo se consultaba el vil interés en los enlaces y no el amor mútuo de los contrayentes, origen de mil desgracias y de no pocas deshonras, aguardaron á que doña Mariana les manifestase la inclinacion de su corazon, pero procurando encaminarla á una buena eleccion por medio de buenos consejos.

Entre sus muchos pretendientes logró la dicha de llamar la atencion de doña Mariana el jóven don José Bardagi, hijo del señor de Villanova de las Vilas de Turbon, de Aberozas y de la Saosa, noble familia del pueblo de Graus. Siendo esta eleccion del agrado de sus padres y de toda la familia, se contrataron las bodas y se verificó el matrimonio el 5 de julio de 1758, á cuyo tiempo tenia doña Mariana cerca de 19 años: este feliz enlace solo causó á don Alejandro y á su querida esposa, el sentimiento de tenerse que separar de su amada hija que partió con su esposo á Graus.

Para imitar á su madre en todo, la igualó en fecundidad y, en mucha parte, en la fortuna de tener hijos ilustres que siguiesen ennobleciendo su familia porque Fortes generantur a Fortibus et bonis y los hijos de los buenos lo son ordinariamente.

Deorum progenies Dii.

Seis fueron los hijos de esta matrona aragonesa, es decir uno menos que su madre, pero de ellos fueron varones los tres primeros y hembras las demas. Los varones fueron don Dionisio Bardagí que despues de haber obtenido varias dignidades eclesiásticas, llegó á ser cardenal de la santa iglesia romana en cuya elevada posicion falleció en Roma el 2 de diciembre de 1826. Don Eusebio Bardagí y Azara que dedicado à la carrera diplomática hizo en ella tales progresos y adquirió tal fama, que el gobierno español le nombró sucesivamente embajador en varias córtes de Europa, habiendo desempeñado en dos épocas la cartera de ministro de estado: casó este con doña Ramona Parada, rica y noble hacendada de Huete, en cuya pequeña ciudad murió retirado en 1844, y don Vicente el cual dedicado á acrecentar la casa de su ilustre familia que heredó, casó en el mismo pueblo de Graus con la noble doña Antonia Heredia de la misma vecindad.

Las hijas de doña Mariana fueron, doña Francisca que casó en Calanda con don Justo Cascajanes, baron de Barcabó (1); doña Martina de Alcañiz que casó con don Mariano Montañés (2); y doña Joaquina que contrajo matrimonio en Cintruénigo, con don Pedro Clemente Ligues, gefe político y diputado por varias provincias, senador que ha sido del reino, y con el cual nos ha ligado una buena amistad (3).

Doña Mariana tuvo la suerte de ver á sus hijos en los puestos distinguidos á que les elevó su talento y la buena educacion que les dió, y perfectamente colocadas á todas sus hijas, pues que la larga vida que le concedió Dios, la proporcionó estas satisfacciones que rejuvenecen siempre el corazon de una cariñosa madre. Murió esta virtuosa señora y madre de familia en Graus en 4 de abril de 1822 á la edad de 82 años y 3 meses, siendo sentida por todo el pais que fué apreciador justo de su talento, afabilidad y filantropía.

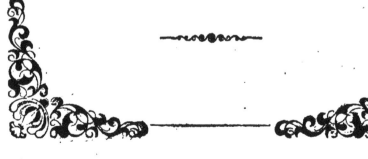

NOTAS.

(1)

Doña Francisca y su esposo han fallecido y en el dia viven sus tres hijos siguientes: don Agustin Cascajares, casado con doña Catalina de Azara; don Francisco, coronel de caballería y gefe de estado mayor en Pamplona; y doña Gertrudis que falleció en marzo del año pasado de 1847, casada en Castelserás con don Joaquin Santapan.

(2)

Doña Martina vive aun y su esposo falleció hace algunos años; en el dia tienen los hijos siguientes: don Manuel, heredero de la casa de su padre, el cual contrajo matrimonio con doña Antonia Castillon; don Lorenzo, comandante de infantería y doña Francisca, casada en Alcañiz con don Mariano Ardid y Plano.

(3)

Doña Joaquina murió hace algunos años y su esposo don Pedro Clemente Ligues, vive aun habiendo sido gefe político de Pamplona, Valladolid y Córdoba desde 1820 á 1823; diputado á córtes en las constituyentes de 1837, y senador del reino. En el dia tiene los hijos siguientes: don Tomás, que ha seguido la carrera diplomática siendo secretario de embajada en los Estados-Unidos de América. Doña Justa, casada en Bujalance, provincia de Córdoba, con don Francisco Espinosa de los Monteros. Doña Juliana, casada en Alagon con don Cárlos Otal, corregidor cesante y doña Benigna enlazada en matrimonio con don Rafael Navascues, gefe político de varias provincias y hoy de la de Vizcaya.

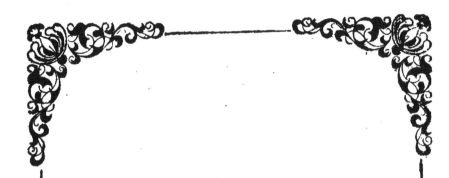

DON FRANCISCO ANTONIO

DE AZARA Y PERERA.

Segundo marqués de Nibbiano; señor de Lizana y ciudadano de Fraga.

In corde prudentis requiescit sapientia. (SALOMON.)

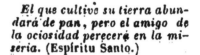

El que cultive su tierra abundará de pan, pero el amigo de la ociosidad perecerá en la miseria. (Espíritu Santo.)

NADIE puede dudar que el último hijo de una familia numerosa, en la que todos sus ascendientes han sido virtuosos y de despejado talento y sábia instruccion, se halla en la mas ventajosa posicicion del mundo para adquirir la virtud por los próximos ejemplos que se le proporcionan que imitar, y porque el amor propio le ha de impeler naturalmente á no desmerecer al menos de la altura á que elevara la familia los demas, procurando por el contrario acrecentar su buen nombre. Por lo general el último hijo y máxime cuando todos sus hermanos se hallan ausentes del regazo maternal, reune el amor de todos en el corazon de una madre, las esperanzas de un padre que mira en él las últimas delicias de la paternidad y el báculo mas próximo de su vejez, y por último, disfruta de las caricias de todos sus ascendientes que ven prolongarse en él su nombre y posteridad. Cuando los primeros hijos habian seguido carreras distintas á la del padre, y en ellas habian logrado las ventajas que este se prometió, procuraba este en el siglo pasado inclinar al hijo menor á su profesion, y le hacia tomar apego á su casa, para que despues de su muerte se encargase en ella y no estuviese descuidada en manos mercenarias destructoras, las mas veces, de las haciendas mas pingües.

Nuestro don Francisco, de quien vamos á tratar, imitó en virtudes á sus hermanos, y como el último de ellos, disfrutó de las enunciadas ventajas, y fué el que sucedió á su buen padre en el cuidado y acrecentamiento de su antigua casa, y de la fortuna y títulos adquiridos por el mas ilustre de su hermanos. Nació este Azara en Barbuñales, como todos los demas hermanos, el 10 de octubre de 1744, y como aquellos, despues de concluida su primera educacion, pasó á Huesca á recibir de su querido tio don Mamés el sello de ilustracion, que aquel sábio sacerdote supo imprimir á todos los hijos de su afortunado hermano. En aquella universidad estudió la filosofía y dos años de leyes, pero á pesar de los progresos que hizo en estos estudios, su madre que le queria en estremo y se hallaba separada de todos sus hijos y hasta de su hija, temia que concluyendo la carrera literaria, se despertase en él el deseo de prosperar en ella como sus hermanos y la abandonase tambien por la incompatibilidad de vivir en el pequeño pueblo de su nacimiento, y por lo tanto suplicó á su esposo no la quitase tambien aquel hijo por elevarle, puesto que bastante lustre habia adquirido su nombre en la distinguida posicion que tenian los demas. Don Alejandro que deseaba tambien tener un apoyo cercano en su vejez, accedió sin repugnancia á la cariñosa demanda de su esposa, y don Francisco no pudo resistir á las reiteradas súplicas de su tierna madre, á pesar de su grande aficion al estudio y del aguijon punzante de su amor propio, que estimulado por los eminentes puestos que ocupaban sus hermanos, le incitaban á seguirles é igualarles.

Determinado por fin á preferir á su noble ambicion el amor de padres tan queridos á quien veia huérfanos, por decirlo asi, de todos sus hijos, se retiró á su casa el año de 1764, con sentimiento de su tio y Mentor, que á la vista de su despejado talento habia concebido la lisongera esperanza de que el último discípulo de su familia, habia de igualar á sus hermanos en posicion por su saber y virtud.

Constituido en Barbuñales al lado de sus padres, y despues de haberse enterado en el manejo de la casa, de haber estudiado las buenas reglas de agricultura, y de aprender las prácticas de buen éxito y las economías de una perfecta administracion agrícola, le entregó su padre el gobierno doméstico y direccion de la casa en marzo de 1773, á fin de descansar á su abrigo de sus faenas y cuidados, y pasar con su amante esposa una vejez descansada.

No tardó mucho don Alejandro en darse el parabien de haber abdicado en su hijo, al que nombró su heredero despues en 4 de noviembre del mismo año 1773, porque le vió darse tan buena maña en el gobierno y direccion de la casa, que en los dos primeros años de su administracion acrecentó sus rentas considerablemente, con las mejoras que hizo en sus haciendas, con nuevas y bien dispuestas plantaciones y admitiendo para el cultivo los instrumentos y prácticas modernas inventadas por sábios agrónomos, y algunas por él mismo, y que ensayadas habian dado buenos resultados y correspondido á sus esperanzas. Las reformas en cualquier facultad, y muy especialmente en agricultura, encuentran siempre grandes escollos que vencer al innovador por beneficiosos y visibles que sean sus resultados, pues que la perjudicial rutina avasalla sus prosélitos, poniéndolos una tupida venda en los ojos para que no vean la luz de las reformas útiles, y sigan en el tenebroso imperio de las tinieblas. Como la espresada resistencia sea natural á nuestros labradores poco ilustrados que contentos con hacer lo mismo que les enseñaron sus padres y abuelos, no creen que pueda adelantarse en el cultivo por otros medios, ni juzgan haya ni pueda haber otro método mas sencillo, menos costoso, ni que les dé mayores productos, don Francisco tuvo que trabajar bastante para hacer ver las ventajas de poner en práctica los adelantos agrónomos en otros paises, y no poco para encarrilar y separar de sus costumbres á sus mayorales y dependientes. Empero como nada de este género se puede resistir largo tiempo al hombre de talento, que tiene fé en la bondad de su sistema, y medios para plantearle y hacer conocer sus ventajas, no tardó en lograr sus deseos y en convencer á los incrédulos de la preeminencia de su sistema sobre el rutinario que se seguia. Triunfante en sus ideas, fué reconocido en el pais como el agrónomo mas capaz é inteligente, y á la vista de la prosperidad de sus haciendas, acabaron los labradores por adoptar y seguir su buena doctrina, y vino á ser el oráculo agrónomo de la comarca; á quien se consultaba por todos los cultivadores.

Contrajo matrimonio don Francisco en 29 de agosto de 1775, á gusto de sus padres, con doña Leandra de Mata y Rivas, de noble y antigua familia establecida en Alberuela de Laliena en cuyo pueblo habia nacido el 27 de febrero de 1759. Esta señora reunia á su gracia y hermosura una esquisita sensibilidad que la prevenia siempre á favor de la humanidad y á ser la protectora de los pobres, una religiosidad y virtud egemplar y la mayor amabilidad; prendas que la hicieron el angel tutelar de la familia y que la alcanzaron el aprecio general.

A la muerte de don Alejandro ocurrida en julio de 1778, quedó su hijo don Francisco completamente al cuidado de la casa y al de su anciana madre á la que sostenia en la vida los consuelos de su hijo y las delicias que la iban proporcionando sus nietos; fueron estos ocho escediendo doña Leandra en fecundidad á su madre política, si bien las siete fueron hijas, de cuyo sexo solo tuvo una aquella.

Por lo que vemos en una carta escrita por don *José Nicolás* desde Roma en 18 de febrero de 1779, se hallaba don Felix en Barbuñales estableciendo á su hermano don Francisco una fábrica de aguardientes la cual fué muy afamada en la provincia, por el riquísimo licor que se sacaba en ella. Tambien consta de la misma carta que el espresado don José hizo á sus paisanos los aragoneses, el beneficio de que pudiesen comer carne todos los sábados de la cuaresma, cuya bula les concedió el sumo pontífice que le honraba con su amistad.

Las hijas de don Francisco y de doña Leandra fueron las siguientes: doña Nicolasa que casó en san Esteban de Litera con don Francisco Javier de Salas, el 15 de octubre de 1793 (1); doña Mónica que tomó estado en Castejon de la Puente con don José Mancho el 15 de noviembre de 1799, y de segundas nupcias en Lumbier, con don Joaquin Ladron de Cegama el 13 de julio de 1813 (2); doña Micaela que contrajo matrimonio en san Esteban de Litera con don Francisco Javier de Falces el 17 de enero de 1804 (3); doña Carlota, casada en Azara con don Pedro Escudero el 24 de febrero de 1806 (4); doña María del Pilar, que casó en Huesca con don Leoncio Ladron de Cegama el 24 de febrero de 1811 (5); doña Catalina, que lo verificó en Calanda, con don Agustin Cascajares, baron de Barcabó, el 15 de febrero de 1813 (6); y por último doña Josefa, que casó en Huesca en 11 de diciembre de 1815 con don Blas Maria Naya, baron de Alcalá (7). El hijo único de don Francisco fué don Agustin, actual marqués de Nibbiano, el cual contrajo matrimonio el 9 de noviembre de 1822, con la virtuosa señora doña Maria de los Dolores Lopez Fernandez de Heredia que vive para felicidad de su esposo, natural de Zaragoza, hija de los condes de Bureta don Juan Crisóstomo y doña Maria Consolacion Azlor Villavicencio, cuya condesa de que damos la biografía mas adelante, se hizo célebre y memorable en los famosos sitios que sufrió la invencible Zaragoza por las tropas de Napoleon por cuya razon se la denominó con razon la heroina de Zaragoza (8).

Doña María madre de don Francisco, falleció el 7 de diciembre de 1782 á los 77 años un mes y 14 dias, despues de haber gozado de una satisfactoria y tranquila vejez, y desde entonces quedó solo aquel en el entero mando de la casa. Como el dia dia 28 de octubre de 1797 se consagrase en Lérida obispo de Gerra y ausiliar de Barcelona, su sobrino don Pablo Sichar, fué su padrino el espresado don Francisco á nombre de su hermano don José Nicolás de Azara que habia sacado en Roma, de su grande amigo el papa Pio VI, esta gracia para el virtuoso don Pablo.

Luego que su espresado hermano don José Nicolás fué relevado de su primera embajada cerca de la república francesa, se vino á Barcelona á esperar órdenes del gobierno, y como se dirigiese despues á Barbuñales en abril del año 1800, aqui tuvo don Francisco el gran placer de abrazarle, disfrutando por última vez de una larga temporada en su compañía hasta el mes de octubre del mismo año en que se volvió aquel á Barcelona y de allí á Madrid de donde salió para servir por segunda vez la embajada española de Paris.

El año de 1802, tuvo tambien don Francisco el singular placer de abrazar á su hermano don Felix, coronel de marina entonces, que habiendo vuelto de América de desempeñar una importante comision de los gobiernos de España y de

Portugal en el Paraguay en donde estuvo 20 años segun dejamos dicho en su biografía, pasaba á París á abrazar á su hermano mayor el espresado don José Nicolás lumiuar de la familia por su saber y posicion de embajador cerca de aquella república como queda dicho La muerte de este sabio diplomático ocurrida en París el 26 de enero de 1804, puso en consternacion á toda la familia que perdió el mas ilustre de sus individuos, y por ella heredó don Francisco el marquesado de Nibbiano que aquel disfrutaba. Afligido con tan fatal golpe no tardó don Felix, que recogió el último suspiro de tan buen hermano, en regresar á España á reunirse con su familia, y despreciando las ventajosas posiciones que se le ofrecieron, se determinó á pasar en su seno los últimos años de su vida.

Don Francisco quiso honrar la memoria de su hermano don José cuyo título habia heredado, y al efecto de acuerdo con don Felix, hizo trasportar su cadáver desde París, al pueblo de Barbuñales en 1806 y en su iglesia parroquial capilla de San Juan Bautista, propia de la familia, le erigió el suntuoso sepulcro en que se conservan sus cenizas.

Los continuos azares de la gloriosa guerra de la independencia en la que ausilió con cantidades de consideracion y efectos á las tropas leales, y los muchos atropellos que por esto esperimentaba la familia aun de los mismos españoles guerrillistas que asaltaron por tres veces la casa, robándola y destrozándola, obligó á don Francisco á trasladarse con su familia á Barbastro en octubre de 1810, desde donde pasó á Huesca en el mismo mes del año siguiente por tener allí casada á su hija doña Maria del Pilar y poseer en esta ciudad á la que tenia inclinacion, casa y haciendas. Establecido allí iba á Barbuñales solo la temporada de verano acompañado de su hermano don Felix.

Do quier que se ofreciese en su familia y fuera de ella objeto donde emplear la generosidad y las demas dotes de su noble caracter, allí se hallaba don Francisco haciendo un buen uso de su fortuna. Consagróse á primeros de junio de 1816 en Panzano pueblo de su naturaleza don Gerónimo Castillon y Salas, obispo de Tarazona y allí acudió don Francisco para servirle de padrino y á hacer mas grandioso el acto por medio de sus sufragios.

Fundados en marzo de 1820 los nuevos ayuntamientos conforme á la restablecida constitucion de 1812, fué nombrado don Francisco regidor decano del de Huesca cuyo honroso y patriótico cargo sirvió hasta su fallecimiento.

Ademas de la casa de los Azaras, heredó don Francisco el señorío de Lizana que pertenece á la misma, y tambien heredó el privilegio de vecino de la ciudad de Fraga título honorífico de que damos razon al hablar de esta familia.

Colocadas bien todas sus hijas logró ver don Francisco muchos nietos á su alrededor y solo deseaba que su hijo único se enlazase convenientemente en sus dias, pero no quiso Dios concederle esta gracia pues acometiéndole una fulminante pulmonía pasó á mejor vida el 2 de mayo de 1820, á la edad de 75 años 6 meses y 22 días dejando siete hijas casadas, un hijo soltero, 20 nietos y 12 nietas, que componian 40 descendientes vivos.

Toda la gente principal de Huesca acompañó al cadáver en su entierro á la iglesia del convento de capuchinos, cuya gracía habia obtenido anteriormente de su general, para él y sus sucesores. En la catedral se le hicieron por el cabildo una solemnes exequias.

Como el año de 1835 se suprimieron las comunidades religiosas, se vendió despues el convento espresado y su templo, y deseando el actual marqués don Agustin, de que los restos de su querido padre no sufriesen estravio ó permaneciesen en un lugar ya profano, los hizo trasladar á Barbuñales el 28 de setiembre de 1843, y los colocó en el panteon de la familia.

La desconsolada viuda doña Leandra siguió viviendo siempre en compañia de su hijo don Agustin hasta su fallecimiento ocurrido el 2 de octubre de 1843, de resultas de haberse roto una pierna en su mismo cuarto el 15 de setiembre anterior. Falleció tan virtuosa señora á los 84 años, 7 meses y 5 dias de edad, habiéndose depositado su cadáver en el cementerio de Huesca el que fué trasladado por su hijo don Agustin á Barbuñales el 14 de noviembre de 1846 y colocado en el panteon de la familia al lado del de su esposo.

Pocas señoras han logrado como esta la felicidad de haber visto tan numerosa prole de su fecundidad pues que dejó cuando falleció siete hijos, 50 nietos, y 29 viznietos que forman un total de 86 descendientes vivos. La buena educacion que supieron dar á sus hijos don Francisco y doña Leandra, sus virtudes, y el acrecentamiento que dieron á su casa, les mereció el ser queridos, estimados y respetados de todo el pais, que se honra en haber producido una familia tan numerosa y tan fecunda en ilustres varones y en virtuosas madres de familia.

Réstanos repetir para terminar esta honrosa pieza del blason moderno de los Azaras, que don Francisco era sumamente honrado y un caracter tan bondadoso y caritativo, que su mayor placer se cifraba en hacer bien á todos y servirles en cuanto podia, ya con su persona é intereses, ya por medio de sus numerosos amigos. El pueblo de Barbuñales tenia en él para todo un verdadero protector y un cariñoso padre y así le apellidaron sus agradecidos habitantes. Todo el tiempo que estuvo al frente de este pueblo, se halló tan bien gobernado y tan feliz que tenian envidia los demas de la comarca, y asi es que su muerte no solamente fué sentida, si que tambien llorada por aquellos moradores que perdieron en él á un buen padre á quien jamás olvidará Barbuñales que recuerda sus virtudes.

El actual marqués de Nibbiano que ademas de este título heredó, por muerte de su tio don Felix, enteramente su casa, sabe sostener con dignidad y magnificencia sus brillantes blasones y el buen nombre de sus ilustres ascendientes como veremos mas adelante en su biografía.

HIJOS DE DON FRANCISCO.

THALAMUS NOSTER FLORET.

(1)

La primera fué la señora DOÑA NICOLASA, que vive en el dia, viuda del señor don Francisco Xabier de Salas. Este fué el heredero de la casa; y en el año 14, cuando se establecieron las primeras diputaciones provinciales, se le nombró diputado por el partido de Barbastro, y pasó á Zaragoza á desempeñarlo. Hijos que viven de este matrimonio: Don Mariano, teniente coronel de artillería con grado de coronel de infantería, comisionado en el dia de real órden en el archivo de Simancas y se halla casado con doña Casilda Carbajo. Doña Maria del Rosario, monja profesa en las Salesas en Calatayud, en donde lleva el nombre de sor Maria Jacoba. Don Jaime Maria, heredero de la casa, magistrado de la Audiencia de Madrid, el cual fué uno de los fundadores de las academias de la Isla de Puerto Rico y de la Habana, y disfruta hoy en la córte de una distinguida consideracion por su provervial honradez, providad y justificacion, pasando con justicia por uno de los jueces mas entendidos en nuestra legislacion y prácticas forenses. Doña Antonina, casada en Estada con don Pablo Sichar. Doña Teresa, en Alcañiz con don Joaquin Ardid. Doña Lorenza, soltera. Doña Luisa, id. Doña Josefa, monja del real monasterio de Sigena, de la órden de san

Juan de Jerusalen. Don José, licenciado en la universidad de Huesca.

(2)

Doña Mónica, vive y su primer marido Manche murió: era heredero de su casa y no tuvo destinos. Su segundo marido Ladron de Cegama, tambien ha muerto: fué heredero de su casa, y tambien obtuvo el destino de juez de la Cámara de Comptos de Pamplona. Hijos que viven de los dos matrimonios. Del primero, doña Margarita, casada en Castejon de Lapuente con don José Sin: y del segundo, doña Benita, heredera de la casa de Ladron, casada con don Benito Holloqui en Lumbier.

(3)

Doña Micaela, murió en el setiembre último, y su marido Falces tambien murió antes que ella; fué heredero de la casa y no obtuvo destino. Hijos que viven de este matrimonio. Don Francisco, heredero de la casa, catedrático de la universidad de Barcelona y diputado á córtes por la provincia de Huesca, distrito de Benabarre. Don José, siguió la carrera literaria, y se halla al frente de los negocios de la casa. Doña Teresa, soltera. Don Salvador, juez de 1.ª instancia de Balaguer en la provincia de Lérida. Don Fermin, consejero de provincia en Huesca. Don Jorge, teniente de ingenieros con grado de capitan. Don Vicente, teniente de artillería.

(4)

Doña Carlota, vive en el dia, y su marido Escudero murió: fué heredero de la casa, y no obtuvo destinos. Hijos de este matrimonio. Don Francisco, heredero de la casa, catedrático de la universidad de Madrid y diputado á córtes por la provincia de Huesca distrito de Barbastro, y casado con doña Concepcion Escudero. Doña Mariquita, casada en Lascellas con don Joaquin Allué. Don Pedro Maria, juez de 1.ª instancia de Segovia, casado con doña Sixta Blanque. Don Benito, consejero de la provincia de Huesca. Don Mariano, empleado en la provincia de Teruel. Don Lorenzo, empleado en la provincia de Huesca. Don Manuel, siguió la carrera literaria y se halla de oficial primero de la gefatura política de Huesca. Doña Carlota, casada en Estadilla con don Nicolás Coll.

(5)

Doña Maria del Pilar, murió en diciembre del año 1821, y su marido Ladron de Cegama ha muerto tambien hace algunos años, fué el heredero de su casa, la que estaba establecida en Navarra en la ciudad de Sangüesa, y cuando la inundacion que padeció esta poblacion por el rio en el siglo pasado, se trasladaron á Huesca, en donde tenian la casa de la antigua é ilustre familia de Lastanosa, que habian heredado. En Huesca fué algunos años catedrático de la universidad, y despues fué magistrado de las Audiencias de Barcelona y de Pamplona, y por su casa tenia asiento en las córtes de Navarra, y asistió á las que se celebraron en el año 1817 y á las posteriores. Hijos de este matrimonio. Don Clemente, despues de haber seguido la carrera literaria se halla en Sangüesa al frente de su casa, como heredero de ella. Don Juan, catedrático en Oñate. Don Francisco, capitan de infantería. Don Javier, siguiendo sus estudios.

(6)

Doña Catalina, vive en el dia y tambien su esposo Cascajares, baron de Barcabó: es el heredero de su casa y no ha obtenido destinos. Hijos de este matrimonio: don Manuel, heredero de la casa, doctor de la universidad de Zaragoza, casado con doña Encarnacion Franco, ha sido diputado de provincia en la de Teruel. Don Felix doctor de la universidad de Zaragoza, auditor honorario de marina y actualmente catedrático de jurisprudencia en la universidad de la Habana. Don Francisco, licenciado en la universidad de

Huesca, y comandante de caballería de Alcántara. Don Felipe, capitan de artillería, auditor honorario de marina con grado de teniente coronel de infantería. Don Joaquin, capitan de artillería. Don Antonio, teniente de artillería. Doña Pascuala, soltera. Doña Leonarda idem.

(7)

Doña Josefa, vive en el dia y su esposo Naya, baron de Alcalá, falleció en diciembre último, fué el heredero de su casa, y no ha obtenido destinos. Hijos de este matrimonio: don Antonio, heredero de la casa, doctor de la universidad de Huesca. Don Mariano, estudiante. Doña Carlota, de menor edad; don Santos idem. Doña Martina idem.

Debe advertirse que las casas espresadas con las que se enlazó la de Azara en las hijas de don Francisco, son todas ellas antiguas, nobles, y principales del pais donde se hallan.

Lugar era este de insertar la biografía del actual marqués don Agustin hijo único del don Francisco, pero nos ha parecido ponerla al fin de esta obra respetando la esquisita modestia de aquel, y allí daremos razon de su virtuosa esposa é hijos.

Huesca, y comendador de caballería de Alcántara. Don Felipe, capitan de artillería, auditor honorario de marina con grado de teniente coronel de infantería. Don Joaquin, capitan de artillería. Don Antonio, teniente de artillería. Doña Pascuala, soltera. Doña Leonarda ídem.

las que se enlazó la de Arana con las hijas de don Francisco, son todas ellas antiguas, nobles, y principales del pais donde se hallan.

Lugar era este de insertar la biografía del actual marqués don Agustin hijo único del don Francisco, pero nos ha parecido ponerla al fin de esta obra respetando la sagrada modestia de aquel, y ahí daremos razon de su virtuosa esposa é hijos.

CASA DE BARDAGI.

Laudemus viros gloriosos in generatione sua. (Quintana Hist. Mad.)

Sic astrum illustrat utrumque.

Con los ilustres Azaras y Pereras, se halla enlazada la novilísima familia de los Bardagis de la casa de Graus, cuyas dos eminentes lumbreras don Dionisio y don Eusebio ornamento de esta insigne casa, fueron el sazonado fruto de la union de tan fecundos como robustos y magníficos árboles.

Doña Mariana de Azara y Perera, hija única, entre sus seis hermanos, como hemos visto en su biografía, de don Alejandro de Azara y de la virtuosa doña María Perera, contrajo matrimonio en 5 de junio de 1758, con don José Bardagí, y desde aquel feliz enlace que produjo ilustres renuevos que han sido ornamento de su patria y gloria de su familia, como se vé en este Panteon, quedaron unidas ambas nobles familias, llevando los vástagos de esta nueva rama los ilustres apellidos de Bardagí y Azara reunidos.

El orígen de la novilísima familia de los Bardagis, se oculta como la de los Azaras en la oscura noche de los tiempos por su remota antigüedad, lo que sucede á casi todas las casas antiguas nobles de España que no proceden de sus reyes. Asi lo dice el erudito don Miguel Eugenio Muñoz, en su discurso sobre la antigüedad y prerrogativas de la rica hombria de Castilla y Aragon, obra que publícó en Madrid en folio en 1736, y asi lo creemos nosotros por verlo confirmado en la mayor parte de los orígenes de nuestros antiguos nobles.

Sin embargo de que no podamos dar una razon cierta del orígen de la familia Bardagí, por la razon espresada, y dejando aparte la introduccion fabulosa con que los genealogistas remontan á los nobles para ceñirnos estrictamentes como verídicos historiadores á la verdad que arrojan de sí documentos fehacientes, nos remitiremos á estos y á los autores de mejor crítica y buena nota, á fin de dar alguna razon de esta noble casa.

El erudito historiador de Aragon Gerónimo de Zurita, dice en sus linages de Aragon folio 165, que el linage de Bardagí parece ser de caballeros muy antiguos, cuyo solar era en Rivagorza en el Val que se llama de su nombre, segun aparecia de escritura muy antigua auténtica que estaba en el monasterio de san Victorian en el Saco intitulado: Carta de los Quiñones de Campo y del *Val de Bardagí*. Por esta escritura fecha en la era 1195 que corresponde al año 1157 de Cristo, tiempo en que reinaba don Ramon Bereguer, conde Barcelona en Aragon, Sobrarbe y Rivagorza, con el título de príncipe, dice que Berenguer de Bardagí dió al monasterio de santa Maria y san Victorian, sito en Bardagí, su persona y bienes entre ellos la casa de Miratons y las dos del Villar. Por este contesto puede deducirse ya que el noble apellido Bardagi, proviene de la poblacion y valle que se denomina asi, el cual debió ser de fundacion árabe por lo que se origina de la acepcion de la palabra.

Del espresado primer Bardagí que menciona Zurita dice tambien, que fué en vida del emperador don Alonso que ganó á Zaragoza, el cual fué muy señalado caballero en las montañas de Rivagorza.

El historiador Gerónimo de Blancas en sus comentarios folio 223, no solo hace mencion de don Berenguer Bardagí, Justicia que dice haber sido de Aragon, al que denomina oráculo del reino, s que tambien asegura traer su origen de la antigua é ilustre familia de los Bardagís, que pone entre los ricos hombres de Aragon por las confirmaciones que se hallan desde el año 1126, en que Jimeno Fortunion, que fué el segundo Justicia de Aragon, confirma titulándose *Senior in Calasanz et Bardaxi*, del que en su opinion, se deriva el origen de esta ilustre familia. En los referidos comentarios folios 424 y 491, manifiesta el espresado Blancas, conformándose en esto con Zurita, que Berenguer fué hijo del espresado Jimeno, declarando ser noble de primera clase por ser *ex genere*, domo et familia Bardaxinorum quorum novilitas in regno notisima est, por sentencia dada en tiempo de Felipe IV á favor de don Martin Bardagí, razon por la que como dice el mismo Blancas, esta familia es tan antigua como el mismo reino de Aragon.

Muchas nobles familias se enlazaron en lo antiguo con la casa de Bardagí, cuyo apellido se ha engrandecido con infinitos títulos de señores, duques, marqueses, condes y barones, y mucho le han realzado tambien nombres de ilustres varones en todas las carreras y estados, tanto en los tiempos antiguos como en los modernos, y ciertamente que no han contribuido poco á realzarle y hacerle magnífico, los gloriosos apellidos de Azara y Perera, entre los que hubo el santo abad de san Victorian don Eustaquio de Azara y Perera, sábio y escelente pastor que admiró al mundo por sus virtudes, siendo ornamento de la iglesia, ilustre blason del órden de san Benito y gloria de su patria. De san Victorian monasterio con quien se asoció como llevamos dicho el apellido Bardagí desde el esforzado Berenguer que le enriqueció con sus bienes, viniendo aquel santo varon de los Azaras á aumentar sus riquezas con sus virtudes, y á santificar la union que poco despues habia de celebrarse entre su ilustre familia y la de los piadosos protectores de su monasterio.

Cuéntase segun Muñoz en la obra citada al principio, á don Berenguer de Bardagí el 40 de los Justicias de Aragon, entre los hombres de valía de esta familia. Este defensor y representante de los venerandos fueros de Aragon, fué uno de los españoles mas insignes en letras y en la política, segun Blancas y Zurita y de tal juicio y sabiduría que despues de la muerte del rey don Martin, fué uno de los ocho electores para decidir á quien pertenecia la corona, que recayó por su voto en el infante de Castilla don Fernando que por esto fué rey de Aragon primero de este nombre y de Sicilia. Este importante servicio fué recompensado como no podia menos por el espresado rey, dándole los lugares de la Almolda, Osso, y Castelflorit por privilegio hecho en Momblac á 1.° de octubre de 1414, privilegio que confirmó en la misma villa, don Alonso V en 27 de marzo de 1417. Como el rey don Fernando I debiera á don Berenguer 39,000 florines de oro, le pagó en la Baronia de Pertusa por privilegio despachado en la Almunia de doña Godina á 23 de marzo de 1417 firmado por don Alonso V, que cumplió esta deuda conforme á lo dispuesto por Fernando I, en su disposicion testamentaria.

Amante don Berenguer de todos sus hijos, dividió las muchas posesiones que habia adquirido entre ellos y por el testamento que otorgó en la villa de Pertusa á 18 de diciembre de 1422 ante el notario de Zaragoza don Lázaro Marcen, hizo dos grandes mayorazgos á saber: el uno para su primogénito don Juan de Bardagí, que se componia de la villa de Pertusa y sus aldeas la Luenga Perdiguera, *Barbuñales* y Almunia cuadrada; de los castillos y lugares de Antillon, Ponzano, las Cellas, Abiego y Vespen que eran de la Baronía de Antillon; de los lugares de Zaide, Ósso, Castelflorit, la Almolda, Letux; y del castillo, parte que le correspondia del lugar de Velilla; de sus casas mayores de Zaragoza y del Vergel que tenia cerca de santa Engracia: este mayorazgo fué adjudicado en 2 de julio de 1735 por la audiencia de Aragon al conde de Luna.

El otro mayorazgo le legó á su hijo segundo don Berenguer de Bardagí constando de los castillos y lugares de Oliete, Arcayne, Obon, la Mezquitilla, el Castlo, la mitad de Moreba, casa y término de la Codoñera y unas casas en la parroquia de Santiago de Zaragoza.

De don Berenguer el Justicia dice Zurita en el lib. 14, fol. 216 de sus anales, que fué tan escelente varon á quien no se igualó ninguno en España ni fuera de ella y asegura Blancas al fol. 492 de sus comentarios que el rey don Alonso V dijo de él: *Que si á uno solo pudiesen rectísimamente cometerse todas las cosas, no hallaba alguno igual á Bardagí.*

Los condes de Luna vinieron á ser herederos

en primera rama de esta gloriosa ascendencia, y de este robusto árbol proceden ademas de los espresados condes otros varios títulos, y nuestros Bardagís de Azara procedentes de la villa de Graus en Aragon cuyo vástago ingerido acertadamente en el glorioso árbol de Azara, dió por fruto un virtuoso príncipe de la iglesia católica, y un sábio diplomático á España cuya nacion los cuenta entre sus ilustres y queridos hijos. Las siguientes biografías nos darán á conocer tan escelentes varones los cuales debieron, en mucha parte, los elevados destinos que tuvieron á su ilustre tio don José Nicolás de Azara, si bien por sus privilegiados talentos y virtudes supieron por sí mismos hacerse merecedores de ellos, pudiéndose decir de ambos que fueron dos astros luminosos que aparecieron en la madre patria; SALUTARIUM SIDERUM APPARITIO.

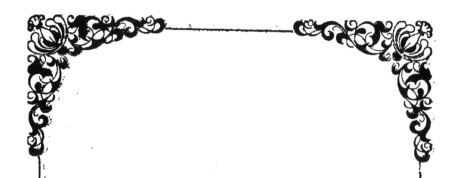

DON DIONISIO BARDAGÍ

Y AZARA.

Cardenal de la santa iglesia católica.

Don Dionisio Bardagí y Azara, cardenal de la santa iglesia romana.

memorias de su tiempo que escribió, publicó para unirse á estos escritos las decisiones de la Rota con lo que formó una coleccion interesante. Aun cuando no conocemos los escritos de este cardenal, el señor La Tasa nos merece tanta fé que no podemos dudar serán buenos y de suma utilidad los que elogia del espresado don Dionisio Bardagí y Azara cuyo retrato de cuerpo entero vestido de cardenal conservó la universidad de Huesca hasta su estincion y hoy se mantiene aun en el edificio que tuvo aquella.

El caracter honrado y bondadoso de este cardenal se recuerda aun proverbialmente en Roma y particularmente en el Sacro Colegio.

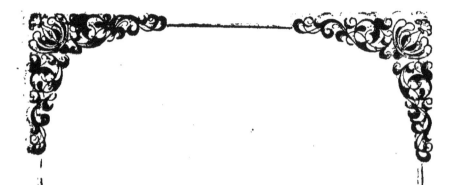

D. EUSEBIO BARDAGI

Y AZARA.

Ministro de estado en los reinados de Fernando VII y de Isabel II.

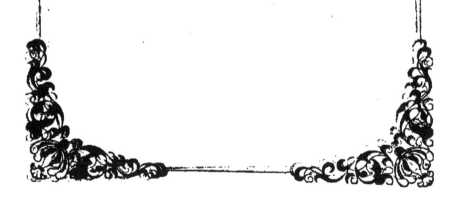

Forma facti gregis ex animo
(S. Pedro ep. 1, cap. 5, n. 3.)

La villa de Graus en Aragon dió nacimiento al ilustre prelado don Dionisio, el dia 9 de octubre de 1760. Sus padres don José Bardagí y doña Mariana de Azara procuraron que su educacion correspondiese á su noble estirpe y que su ilustracion no desmereciese de la de sus ilustres parientes. Para conseguirlo le mandaron al tiempo oportuno á estudiar á la universidad de Huesca, taller de Minerva en donde se formaron aquellos bajo la direccion de su tio el sábio don Mamés cuyo virtuoso eclesiástico, falleció á pocos años de haber llegado á su casa don Dionisio para el cual y su familia fué una grande pérdida.

A pesar de haber faltado á don Dionisio tan escelente guia en su ilustracion, hizo grandes progresos en aquella universidad, y recibió el grado de doctor en derecho canónico en 1777 á los 17 años de edad.

Dedicado á la carrera eclesiástica, su tio don José Nicolás de Azara representante de España en Roma, alcanzó de la santidad de Pio VI su respetable amigo, el priorato de la colegial de santa Ana de Barcelona para su sobrino, de cuyo talento tenia muy buenas noticias. El buen desempeño de esta dignidad y sus virtudes, movió á S. M. el señor don Cárlos IV en 1791, á nombrarle auditor de la Sacra Rota Romana, por los reinos de la antigua corona de Aragon en los pontificados de Pio VI y VII, en cuyo tiempo se le concedió la cruz de caballero de la órden de Cárlos III.

Las funciones de esta dignidad le condugeron á Roma, en donde la elevada categoría de su espresado tio, le puso en buenas relaciones con la curia y nobleza romana, y le proporcionó despues el favor de Pio VII, cuyo pontífice le amó tanto que le concedió el especial honor de acompañarle en su viage y todo el tiempo en que el sucesor de San Pedro fué detenido en Francia por Napoleon.

Desde Francia pasó don Dionisio á España llegando á su casa de Graus en junio de 1814, en donde estuvo en compañía de su madre y hermanos una temporada en la cual fué tambien á Barbuñales á ver á sus tios. Volviéndose á Roma tuvo el placer de volver á abrazar á su hermano don Eusebio cuando volvia este de su embajada de Rusia, siguiendo despues su viage á la capital del Orbe cristiano á donde llegó el 15 de diciembre de 1815.

Los importantes servicios que prestó á su santidad en su viage, no podia menos de acrecentar sus adelantos, y así fué pues que Pio VII, se los premió á su regreso á Roma con su amistad y creándole despues cardenal del Sacro Colegio con el título de los santos apóstoles san Pedro y san Pablo, en 1816, en cuya dignidad conservó el priorato de santa Ana y las demas que obtuvo disfrutando de sus beneficios hasta su muerte.

Antes de la dignidad de príncipe de la iglesia, habia obtenido las de Maestrescuela de la iglesia catedral de Murcia, la de Arcediano de Trujillo en la santa iglesia de Plasencia, la de Arcipreste de Belchite en la de Zaragoza y la de Chantre en la de Huesca, catedral en que el nombre de Azara se recuerda con gloria por los sábios sacerdotes que de esta familia han figurado en ella.

El rey de España le condecoró con la gran cruz de la real y distinguida órden de Cárlos III, por sus relevantes méritos, dando á la órden un Azara, mas que la enriqueciese con sus virtudes, que fueron las que antes le habian hecho merecedor de la gracia de caballero de esta órden.

Cuando falleció su tio don José Nicolás en Paris en 1804, en cuya época era solo auditor de la Rota, fué encargado por los hermanos de este don Francisco y don Felix, de registrar los papeles de aquel sábio diplomático, lo que hizo, dándoles de ellos una ilustracion propia de su talento, y como por órden del difunto se hallaba al cuidado de los efectos de gran valor que habia dejado en su casa en Roma, corrió con enviarlos á sus herederos, vendiendo antes cuando fué preso á Francia con Pio VII, la preciosa biblioteca de cerca de veinte mil volúmenes que tenia aquel, segun dijo desde Barcelona don José al ministro Ceballos en carta de enero de 1801; las estampas y muchas pinturas. Todo lo que no vendió y pudo salvar lo mandó á Huesca en los años 1817 y 1818.

Despues de haber llenado don Dionisio las funciones de cardenal con una capacidad que acreditó su talento, y con una virtud egemplar, y despues de haber sido en sus costumbres espejo en que reflejó la caridad y las demas virtudes cristianas cumpliendo el precepto de san Pedro de ser el original cuyos aciertos copiasen en sus almas los que escucharon de su boca la divina palabra, falleció el dia 2 de diciembre de 1826, á los 66 años y 2 meses de edad. Su muerte fué sentida de cuantos le conocian y muy particularmente de su familia. Cita á este cardenal como escritor el erudito *La Tasa* en el tomo sesto de su biblioteca nueva de autores aragoneses, en donde en el lugar de su nombre que acompaña con todos sus títulos y dignidades eclesiásticas que desempeñó, dice que ademas de algunos papeles de

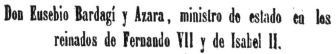

Don Eusebio Bardagí y Azara, ministro de estado en los reinados de Fernando VII y de Isabel II.

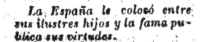

La España le colocó entre sus ilustres hijos y la fama publica sus virtudes.

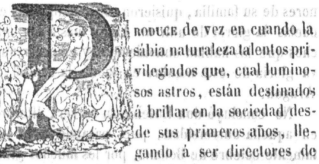

PRODUCE de vez en cuando la sábia naturaleza talentos privilegiados que, cual luminosos astros, están destinados á brillar en la sociedad desde sus primeros años, llegando á ser directores de ella por saber y fortuna, y á sobreponerse por estas causas á los demas seres.

Uno de estos raros luminares fué en España el ilustre don Eusebio Bardagí y Azara, cuyos talentos diplomáticos y ciencia de gobierno, hemos tenido lugar de reconocer, puesto que no há tanto que tuvo en sus manos por tres veces los destinos de España, y que aun, puede decirse, no ha acabado de sentarse la losa de su sepulcro.

Nació don Eusebio en la villa de Graus de Aragon, el dia 19 de diciembre de 1766, trayendo consigo la alegria á sus felices padres don José Bardagí y doña Mariana de Azara, ambos de ilustre, noble y antigua casa. Como desde la niñez dió indicios don Eusebio de un despejado talento, pusieron sus padres su mayor conato en fecundarle, y deseando darle la instruccion conveniente, le mandaron para conseguirlo á la universidad de Zaragoza, tal vez porque muerto ya don Mamés de Azara dignidad de la santa iglesia de Huesca y de su universidad, y director de todos los menores de su familia, quisieron robar á aquellas escuelas la gloria de unir un Azara mas á los muchos que las habian ennoblecido, y empezar nueva gloria de este nombre en la de la capital de Aragon.

No concluyó don Eusebió su carrera literaria en aquella universidad, pues pasando á la justamente célebre de Bolonia, por los muchos grandes hombres que ha producido, entró de colegial en el real de san Clemente de dicha ciudad, y allí fué donde quedó consignado su talento y saber.

Como si la carrera diplomática esperase á que cumpliese don Eusebio el tiempo marcado por los escolásticos para dar por perfecto el talento mas perspicaz, apenas llegó este término, llamó á sí á este varon que habia de ilustrarla. En efecto, desde el colegio pasó Bardagí á desempeñar el grave cargo de secretario de la legacion española en Toscana, en donde era nuestro ministro don Miguel Cuber en primero del año de 1798. Su tio don José Nicolás de Azara, que despues de cuarenta años de representante de su nacion en Roma, fué nombrado embajador de España en París, cerca de la República francesa representada en su Directorio, le dió á conocer al desgraciado papa Pio VI, su grande amigo, que acababa de ser destronado de la silla de san Pedro como soberano temporal de Roma, y se hallaba confinado por los republicanos en Siracusa, cerca de Florencia. El pontífice recibió con fraternal cariño al sobrino de su amigo Azara, y ciertamente que tuvo muchos motivos de estar reconocido al jóven don Eusebio, pues que fué su mayor amigo y protector durante su desgraciada prision en Siena, y le debió muchos consuelos y consideraciones cuando los franceses le obligaron á emprender el penoso viage que le costó la vida en el mismo año en Valencia del Delfinado.

Deseoso don José Nicolás de Azara de proporcionar á su sobrino don Eusebio un campo capaz en el que se estendieran sus vastos conocimientos diplomáticos y en el que luciesen sus talentos, propuso al favorito de Cárlos IV don Manuel Godoy, príncipe de la Paz, que regia entonces los destinos de España, en 10 y 27 de marzo y en 12 de abril de 1798, que reconocida que fuese por España la nueva república romana, se mandase á Bardagi de embajador á Roma, porque en atencion á sus talentos sabria manejarse bien con aquel gobierno teatral y porque los franceses le respetarian sabiendo que era sobrino suyo. Hallábase

Bardagí desempeñando entonces la legacion de Florencia por enfermedad del ministro Cuber, y no creyendo el gobierno de España deberle separar de aquel punto que miraba como de gran importancia mientras permaneciese allí detenido el pontífice, no atendió la propuesta de su tio Azara, y nombró para Roma al no menos ilustre diplomático don Pedro Gómez Labrador.

Aun cuando fué nombrado embajador secreto de España, cerca del encarcelado Pio VI el virtuoso cardenal Lorenzana, arzobispo de Toledo, que acompañó al pontífice hasta su muerte, don Eusebio era el que pedia por el papa á sus opresores y el que le servia en cuantos asuntos se le ofrecian con relacion á los franceses y á sus insubordinados súbditos, y lo hizo con tanto celo, que cuando Pio VI se despidió de él, mereció que le abrazase cordialmente diciéndole: *Vuestro tio y vos mi querido Bardagí habeis sido mis mejores amigos y mi mayor consuelo en la adversidad; rogad á Dios por mí, que yo lo haré por vosotros hasta mi muerte que veo muy cercana.*

Poco tiempo despues de tan triste escena, debió estar don Eusebio en Florencia, puesto que á la salida de don José Nicolás de Paris se hallaba en la embajada de este, en la que quedó de agregado, segun lo que vemos por carta de 24 de noviembre que dirigió á Barcelona á su tio.

Pasó Bardagí en 1800 desde la legacion de

París, á secretario de la de Viena como se vé por carta á su tio de 7 de enero, y desde este punto vino á Madrid de oficial de la secretaría de Estado, pues que en tal empleo vemos se hallaba en 1803 en que escribia á su tio don José Nicolás, que se hallaba desempeñando por segunda vez la embajada de París.

Por este tiempo debió ser condecorado con la cruz de caballero de la real y distinguida órden de Cárlos III.

Teniendo en cuenta sus talentos, las córtes españolas reunidas en Cádiz en 1812 para gobernar la monarquia con la Constitucion sancionada en aquel año, le nombraron primer secretario de Estado y ministro interino de la Guerra, de suerte que aquel tiempo fué, por decirlo así, el ministro universal de la nacion, huérfana entonces de su rey Fernando VII, que se hallaba en Valencey detenido por los franceses mandados por el emperador Napoleon. Las córtes deseaban interesar á favor de España á las potencias del norte contra su enemigo Napoleon, y creyendo que nadie como Bardaxí tendria el talento de persuadir al Autócrata de las Rusias declarase la guerra al coloso del siglo, le envió á san Petersburgo, en cuya córte supo manejarse con tal destreza y emplear tan bien sus dotes diplomáticos y oratorios, que consiguió el deseo de las córtes. Empero como no todos los goces ni satisfacciones son completas, un accidente desgraciado vino á acibarar su triunfo.

. . . Se hallaba enlazado don Eusebio en matrimonio con la *señora doña Ramona Parada*, á quien queria en estremo y de quien era querido, como un tierno amante que desea estar siempre al lado de la prenda amada; pero estaba escrito en los altos juicios de Dios una pronta separacion y asi sucedió, pues que pereció tan desgraciada esposa, abrasada por el fuego de una chimenea que prendió en sus vestidos. Tal desgracia sumió á Bardagí en el mas profundo pesar, y tan justa pena le atormentó largo tiempo.

Hecha la paz general en 1814, y restituido el rey Fernando al trono de sus mayores, volvió Bardagí á España, á fines de este año y despues de haber abrazado á su hermano don Dionisio á quien halló en Barcelona de regreso para Roma, llegó á Graus á primeros de enero de 1815. Luego que lloró en el seno de su madre y hermano la desgraciada suerte de su querida esposa, pasó á Barbuñales á visitar á sus tios y familia, y despues que lo logró, partió á Madrid en donde pagaron sus servicios con ingratitudes que es por lo general el premio que dan los gobiernos á sus buenos servidores. El patriotismo de los unos y el realismo de los otros se vió pagado al regreso de Fernando VII de su destierro, con ingratitudes, yerros, cadenas y destierros, recompensas que suelen tener los buenos servicios que se prestan con fé y franqueza, porque posesionada la lisonja y la perfidia de los palacios de los reyes, ni aun estos mismos pueden, por lo general, librarse de sus lazos ni arrancarse la tupida venda que la malvada adulacion les pone en los ojos para cegarles y separarles de la senda del bien. Por lo comun, despues que ha pasado el peligro, se presenta descaradamente la mala fé atribuyéndose el mérito de la victoria y acusando de crímen á la virtud y al valor, logrando, las mas veces, con su infame táctica, el premio que mereció aquella, y que quede oscurecido el verdadero valor y sometido á la vergonzosa cobardía que se corona impudentemente con sus laureles. La historia que, con el tiempo, quita la máscara á la hipocresia y presenta en su horrible desnudez á la perfidia para que aparezca radiante y pura la verdad coronando á la virtud y al mérito, nos manifiesta de contínuo con los mas vivos colores tan fatales cuadros, y á esta monstruosa coleccion pertenece desgraciadamente el regreso de Fernando VII á España que por él y por su libertad é independencia habia enrogecido la vasta estension de la patria de Pelayo y de Padilla, con la sangre de sus valientes hijos en siete años de sangrienta lucha en los que estos habian asombrado al mundo entero con sú constancia y valor.

A pesar de que don Eusebio Bardagí habia sido ministro y embajador por las córtes del reino bajo el sistema representativo cuyos adictos lejos de estar bien considerados se hallaban perseguidos ó espatriados, el rey no pudo ser indiferente á su saber y conocimientos, y en 1817 le destinó de embajador á Turin, y confiando en su pericia diplomática, le comisionó para que pasase á Luca á tomar posesion de aquel estado en nombre de la ex-reina de Etruria á quien se le habia cedido en cambio de su reino. Esta importante comision la cumplimentó Bardagí en el mes de octubre del referido año, en cuya época volvió á tener el placer de abrazar á su hermano don Dionisio ya entonces cardenal del Sacro Colegio, el cual le acompañó todo el tiempo que estuvo en Luca para llenar su régia comision. El buen desempeño de este encargo, valió á nuestro embajador la plaza de consejero de estado y la gran cruz de la real órden de Cárlos III, con que le agració el rey.

Restablecido el gobierno constitucional aceptado por el rey don Fernando VII en 19 de marzo de 1820, manifestaron los liberales su consecuencia á Bardagí, nombrándole embajador cerca del rey de la Gran Bretaña por lo que se disponia á pasar de Turin á Lóndres, cuando se le mandó ir á París de ministro plenipotenciario.

A los pocos dias de tomar posesion de este destino, el gobierno constitucional se reorganizó y deseando completarle con un buen diplomático, fué llamado Bardagí á Madrid para ocupar por segunda vez la silla del ministerio de estado, dignidad que desempeñó por algun tiempo, retirándose despues á su casa de la ciudad de Huete deseoso de descansar ocupándose solo de sus asuntos domésticos.

En esta pequeña poblacion de la Alcarria se mantuvo don Eusebio, la década en que imperó el despotismo y hasta la muerte de Fernando VII, despues de cuyo suceso, creado que fué el consejo real de España é Indias, se le nombró individuo de él en la seccion de estado. Publicado el estatuto real se previno en esta ley la formacion de dos cámaras y Bardagí fué nombrado Prócer del reino en cuyo destino defendió con su saber y elocuencia los intereses de la nacion, las buenas doctrinas liberales y las justas prerrogativas de la corona en este nuevo órden de cosas.

Tan luego como los antiguos amantes de la libertad vieron á su veterano compañero seguir en sus primitivos principios de libertad y de órden, desearon que los pusiese en evidencia y á sus esfuerzos, tomó Bardagí por tercera vez la cartera de Estado en 1837; pero esta vez fué con la presidencia del consejo de ministros.

La Constitucion promulgada en 1837, cambió el Proceralo en Senado, y la provincia de Cuenca que se gloriaba de tener en su seno á Bardagí, le eligió por su protector nombrándole senador en la fundacion de aquel cuerpo deliberante y moderador.

La escena política, siempre turbulenta, llegó á fatigar á nuestro Bardagí, y deseoso de acabar sus dias en la tranquilidad doméstica, lejos de los debates de encontradas opiniones, se retiró por fin á Huete en donde falleció en 7 de marzo de 1842, á los 75 años 2 meses y 19 dias de edad, habiendo sido muy sentida su muerte de todos los que tuvieron la suerte de conocerle, por su agradable y espresivo caracter y por sus virtudes. La libertad perdió uno de sus mejores servidores en este ministro constitucional, y la patria le recordará siempre con gloria.

Al fallecimiento de don Eusebio, quedaron dos hijos, á saber: don Ramon que heredó la casa de su señora madre, y que ha sido oficial de la secretaria de estado y diputado á córtes cuya consideracion tiene en el actual congreso por Cuenca. Este honrado patricio vive en Huete casado con doña Petra de Cuenca y Piqueras: doña Fernanda casada en Huete con el joven patricio Canomanuel, hijo del ministro de Estado de este nombre.

Don Vicente Bardagí que heredó la casa de sus padres, falleció dejando dos hijos, el mayor llamado don Cristobal, que es el heredero de la casa y licenciado de la universidad de Zaragoza, y el segundo llamado don Anselmo sigue actualmente los estudios viviendo ambos en compañia de su madre la virtuosa doña Antonia Heredia que se conserva viuda.

DOÑA MARIA DE LA CONSOLACION

AZLOR Y VILLAVICENCIO.

Condesa viuda de Bureta y baronesa de Valdeolivos. Reseña de los heróicos sitios de Zaragoza.

Pro religione et libertate mori, vivere est.

Doña Maria de la Consolacion Azlor y Villavicencio, condesa de Bureta y heróica zaragozana.

¡O valiente muger! el mundo acaba
De ver en tí una prueba inimitable
Del celo y patriotismo que debiera
Seguir todo español en esta era.
(La Hiberiada canto 7.)

I.

EL ALMA Y EL VALOR NO TIENEN SEXO, dejó sentado como axioma incontrastable el sabio literato *don Cipriano Clemencin* en su elogio de la inmortal reina católica DOÑA ISABEL I de España, y si no lo hubiera probado suficientemente manifestándonos las heróicas y relevantes cualidades de aquella singular matrona, podria haber robustecido su opinion, sin salir de la patria de su heroina, con multitud de ejemplos que dándola gloria, han elevado al bello sexo poniéndole al nivel de los mas apuestos y esforzados varones en valor, constancia, virtud é instruccion.

Llena está nuestra historia nacional, como la de otros paises, de valientes heroinas que han sabido sacrificarse ó esponer su preciosa vida en las aras de la patria cuando ha peligrado esta, adquiriendo por sus esfuerzos y patriotismo los inmortales laureles con que las coronó la gratitud nacional y logrado por su heroismo que la historia escriba en bronces y transmita á la posteridad sus gloriosos nombres. Entre las que ocupan, por parte de España, un lugar distinguido en el templo de la inmortalidad debe citarse para honor de Aragon, á la heróica condesa viuda de Bureta, á la cual sus mismos enemigos, que eran los de su pais, han tributado justos y merecidos elogios entre las heróicas zaragozanas de cuyas estrellas fué la luna:

VELUT INTER IGNES LUNA MINORIS.

Nació doña Maria Consolacion en la ciudad de Gerona el dia 12 de mayo de 1775. Fueron sús padres don Manuel de Azlor hermano del duque de Villahermosa y doña Petronila Villavicencio. Al tiempo de venir al mundo doña María, se hallaba su señor padre de gobernador militar de la plaza, por cuya razon su nacimiento fué celebrado por todos los gefes de la guarnicion y aun por toda la ciudad que amando mucho á aquel valiente á la par que humano y amable gefe, le obsequiaron en el nacimiento de su hija con muestras del mayor aprecio y con salvas de artillería. El estampido del cañon presagió en aquella ocasion la grandeza de alma y el valor varonil de aquella heroina que habia de saber ganarse por sus hechos un nombre inmortal en los gloriosos fastos de su patria.

Educada doña Maria por su virtuosa madre, fué creciendo en talento y hermosura, siendo admirada desde niña por su escesiva vivacidad de ingenio, y por su bellísima letra y buena diccion en lo que escribia, asi como fué muy alabada de los artistas por lo bien que dibujaba como lo acreditan las láminas de la vida de Ciceron que publicó por entonces don José Nicolás de Azara, dibujadas todas por su mano, á lo que sin duda alude el que en la página 108 de las Actas de la Real Academia de artes de san Luis de Zaragoza publicadas en 1801, se diga en una nota: «*Las gracias no son tan agenas como comunmente se cree de la profundidad y estension que requieren los conocimientos. En la actualidad vemos ocupada dignamente á la señora doña Maria Consolacion y Azlor condesa de Bureta.*»

Adorada de sus padres á quienes tuvo siempre un amor digno de imitacion, fué el ídolo de su familia, haciéndose todos un deber en prodigarla las mas gratas caricias. Su padre partió á América á llenar una mision importante que le confió el gobierno, y habiendo vuelto y dado cumplida cuenta de su encargo del que quedó el rey muy satisfecho, fué nombrado virey de Pamplona, cuyo alto destino desempeñó á gusto de todos mereciendo en él el mayor concepto de la corte y la estimacion y aprecio de sus subordinados. Sus méritos y recomendables servicios le elevaron hasta el grado de teniente general de los reales ejércitos en cuya categoría falleció.

Tuvo doña Maria tres hermanos y tres hermanas, los primeros llamados don José Benito, don José Luis y don Manuel, siguieron la carrera militar en la que obtuvieron diversos grados portándose en todo como dignos hijos de don Manuel de Azlor. Sus hermanas fueron doña Maria del Pilar que casó con don José Bustamante y Guerra, teniente general de marina y director general que fué de la real armada; doña Josefa que contrajo primer matrimonio en Barbastro con el marqués de Artasona y despues en Zaragoza con el marqués de Ayerve, y doña Mercedes casada con don Fausto Corral en Azcoitia.

La belleza, talento y recomendables prendas de la graciosa doña Maria, pusieron en contribucion á la juventud de la alta sociedad de Zaragoza, pues toda ella se apresuraba á rendirla homenage y no pocos se atrevieron á declararse pretendientes á su mano deseando poseer tan preciosa prenda. Su noble cuna no aumentaba quilates á su belleza, porque la naturaleza no recibe valores sino de Dios que es la riqueza universal y la verdadera; pero la ponia en estado de poder competir con la hidalguía mas distinguida y de ilustrar el mas distinguido blason: por esta razon la aristocracia circulaba al rededor de este sol como planetas que deseaban su luz. Entre todos los pretendientes tuvo la dicha de merecer la preferencia de doña Maria, don Juan Crisóstomo Lopez Fernandez de Heredia, conde de Bureta, y con él contrajo matrimonio el 12 de mayo de 1794 dia del aniversario de su natalicio y en el que cumplió 19 años.

En los 11 años que estuvo casada doña Maria con el conde que la amó siempre con pasion, tuvo dos hijos de los cuales el uno llamado don Mariano que heredó despues la casa y el condado de Bureta, falleció el año pasado de 1846 en el mes de enero dejando varios hijos (I); y el otro doña Maria de los Dolores que casó en Huesca en 1822 con don Agustin de Azara, marqués de Nibbiano y señor de Lizana, cuya virtuosa señora vive haciendo la felicidad de su dichoso esposo y de sus afortunados hijos.

El conde de Bureta falleció en 18 de setiembre de 1805, dejando en el mayor pesar á su querida y jóven esposa, y sin haber tenido la dicha de verla inmortalizarse por su heróico patriotismo.

Desde la muerte de su esposo hasta principios de 1808, pasó la condesa, viuda de Bureta, ocupada esclusivamente en educar á sus amados hijos y en sentir la falta de un esposo querido, manteniéndose sorda á las muchas proposiciones de matrimonio que se le hacian por los mas nobles jóvenes de Aragon; empero deseando que sus hijos tuviesen un virtuoso protector, no fué por fin indiferente al amor y solicitud que la manifestaba con constancia el baron de Valdeolivos don Pedro Maria Ric, magistrado de gran providad y de mucha reputacion, cuyo nombre ha sido inscripto con gloria, como el de doña Maria, en los heróicos sitios de Zaragoza. Estaba á punto doña Maria de ceder á las instancias del virtuoso Ric, cuando los acontecimientos de España hicieron se suspendiese por unos meses el proyectado matrimonio, como si el cielo hubiera querido dar en dote á aquella el heroismo con que se engrandeció, para hacerla mas magnífica y premiar con alhaja de tanto mérito á Ric, su virtud y patriotismo.

II.

¿IN TAN DURA NECESSITATE, QUISNON LIBERTATEM ET PATRIAM DEFENDERET?

So pretesto de hacer la guerra á Portugal, y aprovechándose de nuestras discordias civiles, ó mas bien palaciegas, entró en España un gran ejército francés, que con la perfidia mas atroz se quitó la máscara que le cubria, llevándose prisionera á Francia toda la famila real. Reconocido el engaño y la falta de fé de los franceses, la nacion española en masa se levantó contra los opresores tiranos, dando Madrid heróicamente el grito de alarma que repitió el eco en todos los ángulos de la península, en el memorable y glorioso dia 2 de mayo de 1808.

El antiguo reino de Aragon, que jamás sufrió sin resistencia heróica el yugo estrangero, fué una de las partes de España que correspondió patrióticamente al grito de Madrid, y la siempre invicta é inmortal Zaragoza, la antigua Salduba, á pesar de sus débiles muros, se preparó á dar ejemplo á los pueblos libres enseñándoles, que no hay muro mas fuerte que la decidida voluntad de los leales, valientes y patriotas ciudadanos.

El hijo menor del marqués de Lazan, el inmortal don José Palafox y Melfi, que habiendo acompañado á Fernando VII en su prision á Francia, se escapó de Valencey y se hallaba escondido en su quinta cerca de Zaragoza, fué nombrado por los zaragozanos por su capitan general el dia 27 de mayo, dos dias despues del levantamiento de la ciudad para repeler la invasion francesa, cuyos ejércitos dueños de la Navarra y de Cataluña se dirigian á humillarla.

La condesa viuda de Bureta, cuyo caracter amable y bondadoso la hacia muy popular, se indignó al ver la perfidia con que el coloso del siglo trataba de encadenarnos al carro de su fortuna, y juró en las aras de la patria poner en juego todo su valer, para ayudar á vencer á sus paisanos ó morir en la demanda. Empezó sus servicios patrióticos por ocultar en su casa algunos dias al célebre Palafox, su pariente, destinado por el cielo para ser el vengador de España, cuando este insigne patricio, huyendo de las huestes de los conquistadores, vino á inflamar los ánimos con el fuego del mas santo y puro patriotismo, y ambos héroes fortificaron sus almas al formar sus planes de gloriosa resistencia; así nos lo dijo el ilustre Palafox pocos dias antes de su fallecimiento (1), cuando le leimos esta biografía, que él aumentó con datos que nos faltaban, y que solo él podia darnos.

Al tomar Palafox el mando de Aragon, se halló con que las fuerzas disponibles no pasaban de 220 soldados, y que los fondos públicos llegaban cuando mucho á dos mil reales! La condesa de Bureta puso inmediatamente á sus órdenes el poco dinero de que podia disponer, y le hizo concebir la esperanza de que no habria español, amante de su pais, que no sacrificase sus intereses y persona en su defensa. Ademas, nos manifestó el honradísimo

(1) El héroe de Zaragoza ha fallecido en febrero del año pasado de 1847, de repente, siendo director del cuartel de Invalidos, en cuyo templo se hallan depositados sus restos para ser conducidos á la invicta ciudad; pero su glorioso nombre será eterno en España, que bendice y bendecirá su memoria.

Palafox, que *esta heróica señora, honor de España* (estas fueron sus palabras), *le instó repetidas veces á tomar sus alhajas y cubiertos para que las enagenase á fin de atender con su producto á las necesidades de la guerra; pero que él no lo consintió, pues bastantes sacrificios habia hecho y hacia en aquellos gloriosos sitios.*

En este rasgo heróico de desinterés y desprendimiento la patriótica condesa imitó á la inmortal reina Isabel la Católica, que deseosa de engrandecer el nombre español, cedió sus propias alhajas para descubrir un nuevo mundo que admirase su magnanimidad y virtud: ambas fueron dignas del aprecio de la patria agradecida y ambas merecieron los justos elogios que se las prodigan.

A pesar de la poca tropa, confió Palafox en el valor de los zaragozanos para hacer una honrosa resistencia y jurando con ellos morir ó vencer en la demanda, no solo aguardó á ser acometido en la ciudad, sino que salió con sus entusiasmados aragoneses á buscar á los franceses á Alagon, seis horas de Zaragoza donde se hallaban. En esta jornada se estrelló el entusiasmo de los indisciplinados aragoneses en los regularizados batallones franceses, y el valiente Palafox, despues de la derrota, y de varios rodeos se vió obligado á encerrarse con su gente en Zaragoza. Acercándose el general Lefebre con su ejército el 15 de junio á la ciudad, los zaragozanos alentados por el patriota intendente y corregidor de Zaragoza, por su insigne general y por las patrióticas escitaciones de la condesa de Bureta, que se presentó á los grupos para animarlos al combate; se proveyeron de armas é instantáneamente se presentaron llenos de fuego patriótico á guarnecer y defender sus débiles muros.

El famoso tio Jorge, capitan de la guardia de Palafox, el presbítero don Santiago Sas, el labrador don Mariano Cerezo, el carpintero José de la Hera y el fabricante don Manuel Salamero, son los primeros adalides que escitados por el patriota comerciante don Felipe San Clemente y Romeu, reunen sus amigos y parciales y rompen denodados el fuego contra el enemigo, enseñando á sus compatriotas el campo en que habian de ganar un eterno renombre. Al advertir los franceses á estos pocos defensores tuvieron por suya la ciudad, procuraron arrollarles y penetraron hasta las calles; pero al ver esto los zaragozanos, al grito de viva la Vírgen del Pilar, se arrojaron sobre los invasores con el mayor furor, y pocos franceses de los que osaron pisar la capital de Aragon pudieron salir de ella con vida. Hombres, mugeres y niños corrieron con entusiasmo á la defensa y llevando arrastra los cañones á las boca-calles á los puntos que les designaba el corregidor don Lorenzo Calvo de Rozas y los demas gefes; hicieron un fuego tan terrible al enemigo, que se vió precisado á retirarse despues de perder mas de 500 muertos en el ataque de las puertas del Cármen y del Portillo. En aquella noche se resistieron esforzadamente los paisanos y dirigidos por el ingeniero don Antonio San Genis y los arquitectos Tabuenca, cortaron las calles con fosos, abrieron troneras y construyeron baterías á la vista del enemigo, que á pesar de ver despreciada su propuesta de que se rindiese la ciudad, no se atrevian à impedir los trabajos aguardando nuevo refuerzo.

La condesa de Bureta que preveyó la duracion y estragos del sitio porque conocia la constancia y valor de sus paisanos, reunió á su alrededor el 17 de junio á una porcion de mugeres de todas clases en su casa, y empleando aquel lenguage persuasivo y entusiasta que tanto la distinguia, las convenció á formar una asociacion de matronas valientes que se dedicase á socorrer á los heridos y á llevar víveres y municiones á los combatientes sin miedo á los peligros que les rodeaban. Establecido este famoso cuerpo de Amazonas cuyo gefe era la condesa, se presentó á prestar los mas importantes servicios distinguiéndose en este primer sitio con la heroicidad propia de las famosas antiguas Amazonas de Grecia que desde los tiempos de Troya no habian tenido hasta entonces competidoras. Los gloriosos nombres de Bureta, Agustina Aragon, Casta Alvarez y Maria Agustin acreditan entre los valientes de Aragon,

Pugno pro patria parati vincere aut mori.

que las Amazonas de Zaragoza por su valor y arrojo se igualaron sino escedieron á las que la historia antigua designó primero con este título.

El valiente Palafox, que habia salido de Zaragoza en busca de tropas para la defensa, fué atacado á su regreso en Epila, pero se retiró en órden á Calatayud. El 27 volvieron los franceses á atacar la ciudad, y como el comandante Falcon abandonase vergonzosamente el monte Terrero que domina la ciudad lo que le valió el ser pasado por las armas, le coronaron aquellos de obuses y cañones que empezaron á arrojar sobre la capital una nube de bombas, granadas y proyectiles. Despues de que el general Vertier hubo bombardeado por cuatro dias seguidos la ciudad, mandó el 1.° de julio atacar todas las puertas, pero los defensores se sostuvieron como leones causando una terrible mortandad en los sitiadores. Lo mas recio del combate fué en la puerta del Portillo en la cual llegó el caso de quedarse las baterías sin un solo defensor. A la vista de tan buena ocasion, avanzaron los franceses, pero reparándolo la jóven Agustina Aragon que se dirigia por medio de las balas á llevar provisiones á los que ya no existian, se abalanzó con entusiasmo á la batería, y cogiendo la mecha que conservaba en la mano uno de los artilleros muertos, prendió fuego con admirable presencia de ánimo á un cañon y permameció tranquila á su lado. Visto esto por sus compatriotas se alentaron tanto que corrieron à defender las piezas poniéndose al lado de la heroina á quien llamaron la *Artillera*. El gefe admirado del valor de la Amazona la graduó en el acto de oficial, y despues fué condecorada con el escudo de honor y recompensada con una pension.

No quedó recompensado solo con esto el valor de esta heroina subalterna de nuestra condesa, esta la abrazó con trasporte y la regaló muy bien alentándola á seguir prestando servicios tan importantes á la causa nacional.

El padre gerónimo fray Ramon Valvidares y Longo en su poema épico titulado la Hiberiada, que publicó con mas patriotismo que poesia en Cádiz, se refiere á este hecho heróico cuando dice en su canto 7.° la octava siguiente que pone á continuacion de la que nos ha servido de epígrafe de esta bibliografia.

Tú serás el blason de nuestra España,
que cubra de ignominia al indolente,
y al que huyendo la adversa y dura saña
vuelve en la lucha su cobarde frente:
Aprenda cada cual en esta hazaña
de una flaca muger á ser valiente
y arostrar con valor la muerte dura
por librar su nacion de tal presura (1).

(1) Se cita tambien este hecho por don Agustin Alcaide Ibieca en el tom. 1.° pág. 130 de su historia de los sitios de Zaragoza.

La entrada de Palafox en Zaragoza el 2 de julio reanimó los ánimos estraordinariamente despues de tantos dias de choque, apareció el general en el punto en donde era mas empeñado el combate, y en aquel peligro abrazó á la condesa que con el mayor valor proveia de víveres á sus fatigados soldados.

Asombrado el general Verdier del arrojo de los zaragozanos, y viendo que todos sus esfuerzos para apoderarse de la ciudad eran inútiles, atravesó con su ejército el rio por san Lamberto para apoderarse de los fuertes de afuera; pero no lo consiguió, porque se defendieron hasta temerariamente, y porque Palafox salió en su socorro atacando al enemigo por la espalda. Suspendióse algun tanto la pelea hasta la noche del 17 de julio, en que intentaron los franceses asaltar la ciudad, valiéndose de la oscuridad y creyendo descuidados á los sitiados. El punto atacado fué la puerta del Carmen, pero los sitiados que vigilaban para no ser sorprendidos, les recibieron con una descarga de artillería á quema ropa que les causó mucha pérdida.

El estampido del cañon promovió la alarma general, y al son de la campana del Pilar y del toque de generala, todos los habitantes saltaron á las calles á defenderse creyéndose sorprendidos. «La condesa de Bureta, nos dijo el ilustre Palafox, se presentó en mi casa armada de un par de pistolas y seguida de sus criados con escopetas, pidiéndome la designase un punto que defender; en vano traté de disuadirla, á todo me respondia que, cuando peligraba la patria y la religion no hay sexo privilegiado, que merecia ser tratado como traidor el que volvia la espalda al peligro. Conociendo su resolucion y la de Casta Alvarez amazona que la acompañaba, tomé la providencia de hacerlas ver lo mucho que importaba que se fuesen á la puerta del Pilar, para alentar á los pocos hombres que huyendo del riesgo, por ser tímidos, se refugiaban comunmente en aquel templo.»

III.

Si Deus nobiscum, quis contra nos? Manet invicta fides.

La Bureta obedeció las órdenes del general, y mandando á Casta y á otras mugeres que estaban á sus órdenes á los puntos atacados para que socorriesen unas á los heridos, y alentasen otras á los combatientes con sus voces, proveyéndoles de víveres al propio tiempo, se colocó en la puerta del Pilar despues de haber sacado á los jóvenes, que no siendo aragoneses huian del peligro. «Cobardes, decia á los poquísimos que se acercaban á esconderse, no mancilleis vuestra dignidad de hombre, no desdigais del nombre de españoles; corred á morir por la patria y por la religion, la vírgen del Pilar que es nuestro punto de salvacion (*portus salutis*), necesita valientes que la defiendan no cobardes que la molesten con llantos vergonzosos; los cobardes en esta ocasion son traidores, y el traidor será castigado al fin, *proditor tandem luet.*» Con estas y otras palabras y hasta con amenazas, que estaba en ánimo de llevar á cabo con los cobardes, hacia volar á la pelea á los mas tímidos que se avergonzaban de que una débil muger, criada entre el fausto y las riquezas que siempre disminuyen el valor, tuviese mas corazon que ellos. Los bravos que se agitaban al combate y que antes de arrojarse á él pasaban por el Pilar á saludar á su patrona y pedirla su intercesion, gritaban *viva la heroina*, *viva la Bureta*, al ver á esta convertida en la Palas cristiana exhortarles á la pelea. A pesar del obstinado ataque de las puertas del Carmen, el Portillo y santa Engracia nada adelantaron los franceses, y el estandarte del Pilar volvió en triunfo al templo entre el entusiasmo de los héroes de Aragon, que admiraban ya al mundo por su valor.

No queremos pasar de aquí sin tributar el debido homenage al valor y á la amistad. La puerta del Carmen, que fué el punto primero atacado y el mas peligroso, tenia por director de las obras de defensa al valiente don José Cortines y Espinosa, teniente entonces del real cuerpo de ingenieros y hoy teniente general, es director del cuerpo de estado mayor y vocal del supremo consejo de la guerra. Este esforzado militar que tanto se ha distinguido en la reciente guerra civil á favor del trono de Isabel II, se portó en aquella noche y en los demas dias de ambos sitios con la mayor bizarría y denuedo, escitando al propio tiempo á los trabajadores y reparando los daños que el fuego del enemigo hacia en el parapeto de las baterias.

La obstinada defensa de Zaragoza alentaba mas á los franceses empeñados en tomarla, porque seria la gloria del vencedor, y asi es que si descansaron algunos dias, que tambien les vino bien á los defensores para reponerse, rompieron el bombardeo con furor el dia 3 de agosto, haciéndole en toda la línea con ocho baterias que vomitaban la destruccion y la muerte. La multitud de casas destruidas por las bombas y las ruinas que impedian el paso con sus escombros, hicieron decaer los ánimos de los menos valientes, al paso que aumentaban el teson patriótico y entusiasmo de los bravos que habien jurado sepultarse bajo las ruinas de la invicta ciudad, antes que doblegarse bajo el pesado yugo de los llamados hijos de san Luis y que entregar sus manos á las cadenas del opresor, porque eran hombres honrados y el que de tal blasona, solo con la vida pierde la libertad, *libertatem nemo bonus nisi cum anima simul amisit.*

A la primera bomba que cayó en la ciudad, se vió á la Bureta ceñirse á su delicado cuerpo la canana ó cartuchera española y embrazar el fusil, cubriendo su bella cabellera con un ligero sombrerillo que aumentaba sus gracias. De este modo se presentó en las trincheras con sus criados armados y con sus amazonas, en donde su vista entusiasmó á los combatientes, á quienes pareció el angel de la guerra destructor de sus enemigos, ó como dijo el presbítero y valiente patriota don Santiago Sas, que fué fusilado por los franceses á su entrada en Zaragoza, despues del segundo sitio, la *virgen del Pilar anunciándoles la victoria.* En todo este dia se ocupó la condesa, con sus subordinados, en recorrer las baterias nuestras, suministrando socorros á los patriotas que desfallecidos, como dice Ibieca, apenas habian tenido lugar para tomar algun ligero refresco, y en atender y conducir los heridos á los hospitales y á su propia casa, que no tardó en convertirse en un hospital de sangre. En los puntos mas peligrosos se veia siempre á la Bureta sosteniendo con sus voces el valor de los combatientes, causando al propio tiempo admiracion á los franceses que la veian cruzar impávida y serena al frente de sus mortíferos fuegos, gritando á sus compatriotas, que antes de ceder renovase Zaragoza las heróicas é inmortales escenas de Numancia y de Sagunto. Ni sus parientes ni su apasionado el Baron de Valdeolivos la pudieron obligar á ponerse fuera del peligro; á todos satisfacia graciosamente con sus escusas, y cuando el Baron instaba desestimando sus razones, se revestia de gravedad y con ánimo resuelto y varonil le decia: soy española señor Baron, soy española, y sabré morir antes que doblar la cerviz á los tiranos; si es cierto que me amais, dejadme prestar á mi patria los servicios que en lance tan apurado exige de sus hijos, dejadme participar de las fatigas y trabajos de mis compatriotas, y despues me hallareis mas digna de vos y de mi pais, ¿y si morís por vuestro frenético arrojo? la repuso el Baron una vez, «entonces, le contestó, habré cumplido con mi deber patrio y con el que me impone la religion, habré dado honor á mi familia, un nombre glorioso á mis hijos y á vos querido amigo podreis tener la satisfaccion de haber sido amado por una muger, que si pospuso los peligros á vuestras tiernas súplicas, fué por llenar el mas santo y sagrado de los deberes.»

Si la condesa se portó como heroina en todas las referidas acciones, en donde acreditó mas su valor, serenidad y patriotismo fué en el dia siguiente, dia en el que el heróico pueblo de Zaragoza sobrepujó á todos los pueblos guerreros de la antiguedad y de los tiempos modernos por el denuedo de sus hijos que solo pueden compararse á los heróicos numantinos y temerarios saguntinos. Tal ejemplo de valor y patriotismo asombró al mundo entero é inmortalizando á Zaragoza, hará temblar en las venideras generaciones á los que pretendan insultar impunemente á los esforzados aragoneses que defenderán siempre con igual empeño la preciosa libertad cuyas riendas tiene la razon; *libertas aurea, cuyas moderatur habenas ratio.*

IV.

VEL CONTRA FORTIOR ITO.

Los franceses emprendieron un ataque general el cuatro de agosto en cuanto apareció el alba, atacando con doble empeño por el medio dia de la ciudad como se vé por las ruinas, y jamás se ha visto un fuego mas sostenido y un llover bombas y granadas en mas abundancia; parecia que el cielo ansioso de reducir á pavesas á Zaragoza hiciese caer sobre ella todos los proyectiles incendiarios del infierno. Los mas fuertes edificios se desplomaban al peso de las bombas (1), las casas

(1) El ataque por la puerta del Cármen fué obstinado, y el convento de Carmelitas hoy en ruina lo declara. El de la puerta del Portillo se acredita en las ruinas del santuario de la imágen de este nombre que hoy se está recomponiendo. Zaragoza, es al presente un monton de ruinas respetables, por lo que toca á los antiguos monasterios.

débiles se reducian á cenizas, la desolacion con su terrible antorcha corria de calle en calle y la muerte se fatigaba en hacinar cadáveres. A pesar de tal estrago el ánimo de los habitantes no se amilanaba, y cada desgracia aumentaba el fuego patrio en sus entusiastas corazones. Destruidas á las nueve de la mañana nuestras baterías y abierta brecha se arrojaron los sitiadores al asalto, pero recibiéndoles los aragoneses, se tramó un reñido y sangriento combate sin que por algunas horas cejasen los combatientes ni un palmo de terreno. Al fin de mucho tiempo y de perder mucha gente ganaron los franceses la calle de santa Engracia, siguiendo por ella hácia el Coso en que concluye; pero acorralados allí y abrasados por el vivo fuego que se les hacia de todos lados y pereciendo muchos bajo el peso de los efectos que se les arrojaba por los balcones y terrados, pues que no habia trastos en las casas que no les arrojasen las mugeres, hubieran tenido que retirarse si no hubieran tenido la fortuna de que se volase el depósito de pólvora que se hallaba cerca del Seminario del que voló una gran parte con las Escuelas Pias y casas contiguas (1), que si bien sepultó á muchos, distrajo á los sitiados la esplosion y permitió á los franceses tomar algunos buenos edificios. Dueños los gabachos, como llama á los franceses el pueblo, del convento de san

(1) La parte del seminario que voló aun está en ruinas.

Francisco, pasaron tambien al hospital, el que prendiéndose fuego consternó de tal modo á los enfermos que se arrojaban por las ventanas sobre las bayonetas enemigas en las que hallaban una desastrosa muerte, causándosela á no pocos soldados sobre los que caian.

La condesa de Bureta se hallaba en todas partes como el genio guerrero de España que incitaba á los bravos contra el enemigo, y cuando dueños los franceses de la batería del Coso quisieron adelantar por el arco de Cineja (1), en él se halló disparando su carabina admirando al intendente Calvo de Rozas, que con los suyos obligó á los franceses á retroceder al Coso en donde hizo una espantosa carnicería, obligándoles con las gentes del oficial Cerezo á replegarse y guarecerse en el convento de san Francisco (2).

Al ver la condesa que adelantaban los franceses hácia su casa, corrió á ella y llegando á tiempo de que se indicaba su morada para ser tomada por su buena posicion, hizo arrastrar á brazo á su calle dos cañones, y formando dos baterías en ella, aguardó impávida al enemigo jurando de nuevo escarmentarles ó morir; pero los franceses retrocedieron al verse cortados, á fin de no encerrarse

(1) Ya no existe pero se conserva el nombre á la calle.
(2) Volado este convento no existe ni aun sus ruinas, pues de su puesto se hizo la plaza de san Francisco.

entre dos fuegos. La Bureta les persiguió con los suyos hasta que se encerraron en san Francisco, conteniendo al paso á un grupo de paisanos forasteros que huian atemorizados, los que avergonzados á sus espresiones se unieron á ella para volver por su honor.

Digna compañera de la Bureta en heroismo fué en esta gloriosa jornada Maria Agustin, natural de Zaragoza, de la parroquia de san Pablo y de 22 años de edad, la que proveyendo de cartuchos á los leales, como fuese herida de un balazo en el cuello, se curó provisionalmente y volvió al combate con cartuchos y un cántaro de aguardiente para la tropa, cuya admirable accion fué premiada despues con una pension y el escudo de distincion. Igual premio se dió á la zaragozana Casta Alvarez, la que armada con una bayoneta puesta en un palo defendió la puerta de Sancho, y fué muy util á sus paisanos en este dia. Otras muchas amazonas, compañeras dignas de la condesa, se distinguieron en este glorioso sitio, pero habiéndose perdido desgraciadamente sus nombres, solo diremos que la mayor parte de las zaragozanas fueron heroinas y que todas correspondieron á la invitacion que las hizo Palafox en su proclama de 13 de junio, en las que les pedia siguiesen entusiasmando á los valientes con su heroismo y con sus esfuerzos, á proveer los hospitales de los objetos propios de su sexo y á encargarse de hacer la ropa para la tropa, comision que llenaron con gusto y patriotismo.

Luego que acobardados los franceses se encerraron en san Francisco como hemos dicho, salió de la ciudad el general Palafox con sus dos hermanos y despues Calvo de Rozas para ponerse al frente de las tropas leales que venian á reforzar la ciudad á pesar de lo que hizo el gefe francés Lefebre, que por haber sido herido el general Verdier habia tomado el mando. Zaragoza recibió con júbilo las tropas de vanguardia el dia 5 mandadas por el marqués de Lazan, y el 8 la mayor fuerza dirigida por el intrépido Palafox, su hermano don Francisco y Rozas. Entusiasmados los zaragozanos con este refuerzo, rechazaron á los franceses en los varios pero débiles ataques que dieron á la ciudad, en los que se distinguió el denodado ingeniero CORTINES (II), hasta que humilladas sus soberbias águilas en la famosa batalla de Bailen, recibieron la órden de su rey José Bonaparte para levantar el sitio y retirarse, lo que verificaron el 13 de agosto arrojando proyectiles incendiarios á la ciudad, volando antes de su marcha el suntuoso monasterio de Gerónimos de santa Engracia (1) y quemando los almacenes del

(5) De este bellísimo edificio se conserva aun en pié su preciosísima fachada y portada de la iglesia y su espaciosa capilla subterránea de santa Engracia, cuya catacumba está toda rodeada de sepulcros de los innumerables mártires de Zaragoza en las persecuciones romanas contra los cristia-

Monte Torrero. Dejaron los franceses sepultados en este sitio mas de 3,000 hombres, y hubieran quedado su mayor parte, con solo un dia que se hubieran detenido, porque cuando evacuaban sus posiciones llegó de Valencia don Felipe Saint March con una fuerte division cuyos soldados se arrojaron con ardor contra la retaguardia francesa que tuvo que redoblar su marcha para librarse de su entusiasmo.

Por esta vez triunfaron los aragoneses ausiliados por el cielo:

NON HÆC SINE NUMINE DIVUM.

V.

CEDANT FLAMMIS CORDIBUS ARMA.

Terminado este sitio que inmortaliza á la invicta Zaragoza y á sus gloriosos defensores, se empezó la reparacion de lo destruido, y como muchas familias quedaron reducidas á la miseria por la ruina de sus casas, la condesa de Bureta tan humana como valiente, dió habitacion gratuita á algunas familias y socorrió pródigamente á otras que la bendigeron por su generosidad.

Deseoso el inmortal Palafox perpetuar por me-

nos; esta capilla, repetimos, se halla reedificada hoy y en ella se vé la columna en que padeció martirio aquella santa virgen.

dio de las artes los hechos de valor y el heroismo de los zaragozanos sus paisanos, llamó á los famosos artistas *don Francisco Goya* el aragonés, *don Juan Galvez* y al perspectivista *don Fernando Brambila*, los que llegando á la ciudad en octubre del mismo año, pintó el primero dos bocetos de la gloriosa defensa del 4 de agosto, é hicieron los demas lo dibujos de las 22 estampas que recuerdan el primer sitio y trasmiten á la posteridad el heroismo y las facciones de sus principales héroes de ambos sexos (1) por medio de las artes que tienen á veces mas elocuencia que la misma poesía como dijo el célebre Ovidio en su arte de amar;

Si venerem cons numquam pinxisset Apelles,
Mersa sub æquoreis illa lateret aquis.

Como no podia menos de ser, una de las citadas estampas representa á la Bureta retratada de cuerpo entero con la cartuchera española á la cintura, puesta en pié con el fusil en la izquierda y arengando con la derecha á paisanos armados que

---

(1) Don José Alvarez ilustrado escultor de cámara y director en Roma de la escuela de artistas españoles pensionados, hizo en Roma el famoso grupo en mármol que representa en formas colosales á Nestor defendido por su hijo Antiloco, en cuya perfecta alegoría representó el valor de los defensores de Zaragoza en sus dos sitios. El modelo de este magnífico grupo se manifestó en 1818, y ya concluido se espuso en Roma en 1825 y en Madrid en 1825 desde cuando se halla en el Real museo de escultura.

se ven en segundo término defendiendo las baterías puestas en la calle al lado de su propia casa. Debajo del grabado se puso su nombre y títulos, y una sucinta noticia de sus servicios patrióticos en el sitio, y de su valor en el glorioso dia 12 de agosto de 1808.

Luego que se apaciguó Zaragoza, fué por fin sensible la Bureta al amor de su pretendiente don Pedro Maria Ric, baron de Valdeolivos, regente de la audiencia y presidente, como veremos de la junta de gobierno que se habia instalado en Zaragoza. El heroismo de la bella matrona, que habia admirado hasta á sus mismos enemigos, inflamó mas el corazon amante de Ric que tuvo la dicha de poseerla, verificándose el ansiado matrimonio el dia 1.° de octubre de 1808, dia en que todo lo principal de Zaragoza vió con satisfaccion enlazados á dos héroes á quien tanto apreciaban por sus virtudes y patriotismo.

El inmortal don José Palafox y Melfi, duque de Zaragoza.

VI.

SEGUNDO SITIO.

PRÆSTAT PUGNARE PRO PATRIA, QUAM SIMULATA PACE DECIPI.

No disfrutaron mucho tiempo en paz los nuevos esposos de su felicidad, ni los zaragozanos de la apetecida paz é independencia en que se habian sabido sostener, pues empeñados los franceses en vencer su arrogancia, aparecieron mandados por Moncey sobre el Torrero á fin de noviembre, pero este esforzado general se contentó con hacer un vivo fuego á la ciudad por algunas horas, y se retiró á Alagon con la esperanza de conquistarla pronto. No tardó Moncey, combinado con la division Mortier, en aparecer, y el dia 21 de diciembre atacó por todos lados á nuestras tropas con unos veinte mil infantes y dos mil caballos, teniendo que encerrarse en la poblacion nuestros bravos, que eran en mucho menor número, despues de haber causado al enemigo bastantes bajas. Cinco horas duró el ataque obstinado del arrabal por la otra parte del Ebro, y en ellas se cubrieron de gloria nuestros leones mandados por Palafox, que arrostró y humilló en todos los puntos las águilas del imperio, hacinando cadáveres franceses en las calles del arrabal. Ni las acciones del 22, en que Palafox despreció la capitulacion que se le propuso, del 24 y demas de enero de 1809, en que perdieron terreno nuestras tropas, acobardaron á los aragoneses, que unidos á las valientes tropas repelieron con denuedo á todo el ejército francés el 26 de enero, en que dió un ataque general el mariscal Lannes nombrado por Napoleon comandante de Navarra y Aragon y general en gefe de la division contra Zaragoza. La accion de este dia se decidió, volando los españoles una mina abierta en el paseo de santa Engracia, en cuyo punto perecieron abrasados mas de tres mil franceses.

Viendo Lannes que era imposible tomar la ciudad por los medios ordinarios, empezó á hacer trabajar á los cuatro mil minadores que habia llevado, y consiguiendo llegar por ellas al punto que se propuso, la multitud de barriles de pólvora que se aplicaban á las casas, iban demoliendo la poblacion, que se convertia por horas en ruinas y escombros encendidos.

Avanzados los franceses á las primeras calles y ya cercada la poblacion toda de ruinas, la Bureta, ya baronesa de Valdeolivos, no pudo contener su patriotismo á pesar de las súplicas del baron su esposo, y saliendo otra vez á la vista de los zaragozanos, tan valiente como antes, les escitaba á la pelea y á morir antes que entregar sus manos á la pesada cadena de la esclavitud.

En medio de los horrores de tan desastroso sitio, haciéndose sentir la escasez de todo y acosando el hambre, la mortífera peste se introdujo entre los valientes, segando con su terrible segur muchas vidas cada dia, ya del pueblo ya de la tropa, cuyas filas se disminuian estraordinariamente. Todos estos males cargaron con tal peso sobre la heróica Zaragoza, que fué preciso echar mano hasta de los sacerdotes, mugeres y niños para cubrir las guardias interiores y aun para sostener los ataques.

La Bureta sacrificaba todos sus intereses y los de sus hijos para socorrer á los necesitados; su casa llegó á ser un hospital, en que habia tantos enfermos como puntos donde colocarles, y una hospederia benéfica en donde se daba de comer á porcion de desgraciados. El general Palafox, que sabia lo mucho que habian contribuido las mugeres al buen éxito del primer sitio, habia publicado una proclama el 30 de enero, por la que comparando á las zaragozanas á las antiguas amazonas, á quienes solo ellas habian sabido reemplazar, las escitaba al combate; este documento surtió su efecto, pues no solo las mugeres renovaron las acciones del primer sitio, sino que perecieron muchas saltando con increible arrojo los parapetos del enemigo. La Bureta, en los momentos mas aflictivos, recordó á sus paisanas la espresada proclama, y enviando á las mas entusiasmadas y de mas heróico corazon á molestar al enemigo y en ausilio de los defensores, mandaba á las mas tímidas á socorrer á los pobres enfermos en los hospitales y en las casas. Llena de fuego patrio, y á pesar de hallarse en cinta, en todas partes se hallaba la Bureta, ya alentando á los bravos en medio del combate, ya dando disposiciones para conducir los heridos á los hospitales, ya consolando á la multitud de enfermos en las calles y en las casas: esta matrona era el genio del bien, que hacia mas llevadera la la angustiosa vida de sus paisanos y que contrarrestaba con el demonio de la guerra.

El 19 de febrero cayó contagiado de la peste el invicto Palafox, y no pudiendo seguir mandando á aquel ejército y pueblo de cadavéricos héroes, resignó su autoridad militar y gubernativa en una junta, compuesta de las personas mas ilustres y queridas del pueblo y de la tropa que aun no habian sucumbido al plomo enemigo, al hambre ó á la apestada fiebre, poniendo á su cabeza al patriota esposo de la Bureta, el baron de Valdeolivos regente de de la audiencia.

El nuevo destino del baron aumentó las obligaciones de su esposa, que queriendo dar el ejemplo trabajaba incesantemente en bien de la patria, de noche y dia, despreciando los peligros de todas clases para socorrer á los necesitados, y aun cuando en tan grave estado, no se acostó las ocho últimas noches, ni dejó de pasar algunas de ellas al frio de la estacion en un invierno tan crudo como aquel, Dios la conservó con la salud, para que no dejase sin duda de ser su dichosa mensagera con los desgraciados.

VII.

Mutua defensio tutissima.

El enemigo sabedor de la enfermedad mortífera del caudillo de Zaragoza, del fallecimiento del valiente O-Neill entre las ruinas de la casa de Ayerve, del baron de Versage herido de una bala y de la enfermedad del actual gefe interino Sant-Mare, redobló sus fuegos y el estrago de sus ruinas, y si dura mas la resistencia no hubiera quedado en Zaragoza un mortal con vida, ni un edificio en pie, pues sus defensores supieron cumplir su juramento de vencer ó morir por la religion, la patria y su rey. Reducida la ciudad á un monton de ruinas y sus pocos defensores á cadáveres ambulantes, transidos de hambre é infestados por la peste y por el mortífero ambiente que exalaban tantos cadáveres y enfermos, la junta de gobierno conoció la imposibilidad de sostener el sitio por mas tiempo, y teniendo compasion de los pocos que quedaban con vida, pidió la capitulacion de comun acuerdo, á pesar de que el temerario valor de algunos preferia la muerte al rendimiento. La condesa de Bureta que habia mantenido en los peligros una serenidad y valor admirable, lloró como una niña al ver salir los comisionados para capitular, y si el amor á la religion y á sus hijos y esposo no la hubiera fortificado en tan crítico lance, ó hubiera marchado á insultar al enemigo para morir al filo de sus espadas, ó se hubiera dado la muerte antes de ver entrar á los franceses; pero ya que esto no hizo, manifestó á su esposo su resolucion de partir al instante para Cádiz á reunirse con los leales españoles, y corrió á su casa á prepararlo todo al efecto, retirándose á una habitacion en donde no consintió penetrar á ningun gabacho.

Estipulada la capitulacion con el mariscal Lannes, entró este con su egército en la ciudad el 21 de febrero admirándose de tanto heroismo y avergonzándose de que una division vencedora en cien batallas hubiese sido detenida tantos dias por unos pocos espectros exánimes y escuálidos, pues tal aparecian todos los habitantes, de los que habian perecido la mayor parte durante el sitio, asi como tambien la porcion mas escogida del clero, y de la nobleza, muchos gefes y oficiales y mas de diez mil valientes soldados.

Luego que el mariscal Lannes se posesionó de la ciudad, exigió juramento de fidelidad por Napoleon á la guarnicion, pero como toda ella se negase á ello, mandó conducir prisioneros á Francia á todos los gefes, oficiales y soldados que eran la admiracion por todas partes donde pasaron inclu- so la misma Francia por la justa noticia que se te- nia de su valor y patriotismo; el invicto general Palafox fué tambien conducido prisionero tan lue- go como lo permitió el estado de su salud despues de que salió de su contagiosa enfermedad. De este modo terminó el segundo sitio de Zaragoza, en el que, como en el primero, se acrisoló la lealtad y bizarría española y se glorificaron con su capital los bravos aragoneses á los que solo Dios pudo vencer con la peste que les envió para mas inmor- talizarles.

La patriota Bureta que desde la capitulacion no hizo mas que llorar por la suerte adversa de su querida patria y que era constante en la adversi- dad, *in adversis constans*, se empeñó en no per- manecer por mas tiempo en Zaragoza, y como se empeñase el mariscal Lannes en conocer á la he- roina, que asi la llamaron tambien los franceses, le admitió en su casa no sin repugnancia, sin faltar no obstante á su finura y á lo que se debia á sí misma como señora. Aprovechándose de los elo- gios que la hizo el mariscal por hermosa y por valiente, le echó en cara con arrogancia su inhumanidad y la de los suyos, y la falta de fé á los tratados por su amo con los españoles, admi- rando al instruido francés tanto por su elocuencia, fundado raciocinio y claro y sólido talento, cuanto por su valor y energía. Como la iniciase Lannes con galante sonrisa que si cumpliera con sus deberes debia mandarla prisionera á Francia por haber sido por su hermosura y denuedo el enemigo mas formidable de Napoleon y de los hijos de san Luis y el caudillo principal de los aragoneses; ella presentándole el seno le dijo que hiriese sin piedad, que preferia mil veces la muerte mas penosa, á ver sufrir á su patria bajo el yugo de tan aborrecidos tiranos, y que moriria cien veces si posible fuese antes que sujetar sus manos á sus cadenas, y primero que pisar aquel pais de maldicion. No obstante el mariscal la concedió el retirarse libre con su esposo y familia de Zaragoza, á pesar de que le dijo que se dirigia á Cádiz, último asilo de la independencia de España, para morir allí ó vencer en su defensa.

La última entrevista del invicto Palafox con la Bureta fué tiernísima, segun nos dijo aquel héroe pocos dias antes de morir, y repitiendo abrazándose en su despedida el juramento de morir ó ver libre á su pais de tiranos, se dieron el último á Dios bañados ambos en lágrimas.

Salió la Bureta para Cádiz con su esposo y familia, pero al detenerse en Valencia dió á luz una niña á quien se puso por nombre doña Maria del Pilar, la cual heredó despues la casa de su padre y la baronía de Valdeolivos, hallándose establecida actualmente en su casa de la villa de Fons, cerca de Barbastro, y casada con don Ramon Otal.

Prefirió nuestra heroina á la quietud y á las comodidados de su casa cualquier asilo en donde se respirase el aire de la libertad de la patria, y huyendo de la infame servidumbre y de la vista de los opresores, abandonó sus pingües bienes y sus riquezas para conseguir su deseo.

VIII.

TANDEM BONA CAUSA TRIUMPHAT.

Luego que Zaragoza logró sacudir el yugo estrangero por haber triunfado la buena causa, volvió á ella la condesa con su familia, y el pueblo la recibió entusiasmado proclamándola la heroina de Aragon nombre que tambien la dió el inglés Wanghan. Su caracter agradable y bondadoso asi como su valor, serenidad y patriotismo, la cautivó el aprecio de cuantos tuvieron la dicha de conocerla y de tratarla inclusos sus enemigos.

FACTA GLORIOSA PACE.

Libre Fernando VII en 1814 de su cautiverio en Valencey, quiso venir por Zaragoza á fin de manifestar su gratitud á los esforzados aragoneses, y en cuanto llegó á la ciudad, á pesar de lo que le ocupaba el ánimo el nunca visto entusiasmo con que le recibió aquel pueblo, preguntó por la Bureta, y deseando conocerla y honrar su patriotismo, se hizo conducir á su casa en la misma noche de su llegada y en ella la dió las gracias en su nombre y en el de la nacion entera por los importantes servicios que prestó en ambos sitios. En esta visita real y en la gratitud del pueblo por quien se habia sacrificado, se creyó recompensada la Bureta que fué condecorada con todas las distinciones concedidas á los caudillos de aquel pueblo de héroes. El rey honró ademas á la heroina en la persona del baron su esposo, al que hizo particulares distinciones, siendo una de ellas el hacerle comer en su real mesa y sentarle á su lado todos los los dias que permaneció en Zaragoza.

Terminada la lucha en que la condesa viuda de Bureta dió lustre á su familia, honor á su pais y gloria á España, y adquirida á costa de tanta sangre preciosa vertida en defensa de la patria, la deseada paz que es el órigen seguro de la abundancia, *tutæ pax ubertatis origo*, no quiso Dios que permaneciese largo tiempo en un mundo que tan pronto levanta un ídolo como le arrastra, y á fin de que la memoria fuese mas respetada falta de la matéria que suscita las pasiones y de que la belleza de aquella flor, fresca aun, no se agostase con la edad y perdiese la veneracion casi divina que inspiraban sus aromas, la llamó á sí, para premiar sus virtudes: doña María Consolacion falleció en Zaragoza en 23 de diciembre de 1814, á los 39 años, 7 meses y 12 dias de su edad, dejando un nombre inmortal que venerará Aragon mientras se tenga por algo entre sus hijos el valor y la virtud: sus cenizas están depositadas en la iglesia parroquial de san Felipe, y debemos suponer en vista de sus heróicas virtudes, que su alma goza de la morada de los justos: MORIENS EVASIT AD ASTRA: en donde cambió su mundanal corona de gloria por otra mas preciosa y eterna: MELIORE ORNATA CORONA.

La muerte de la heroina fué llorada en Aragon y sentida en toda España, y cuando llevaron sus restos mortales á la última morada, Zaragoza entera fué en su cortejo fúnebre tributando el último homenage á la muger grande, que escediéndose á sí misma y á lo que naturalmente puede exigirse á su sexo, supo conquistarse un puesto distinguido entre los héroes españoles, á cuyo lado está hoy ya su digno pariente y general el ilustre é inmortal Palafox (1). Esta ilustre heroina, como hemos visto, manifestó en la gloriosa guerra de la independencia un caracter magnánimo, una al-

(1) El nombre del general Palafox, duque de Zaragoza, nuestro buen amigo, ocupa hoy, por decreto de las córtes, un lugar en las lápidas que en el Congreso recuerdan á los buenos é ilustres patriotas, y la Reina doña Isabel II para que se perpetue su memoria ha concedido el título de su padre á su hijo y sucesores.

ma generosa, una constancia y serenidad imperturbable y todas las virtudes civiles y guerreras, propias para inflamar los corazones amantes de la libertad de su patria. Zaragoza la vió en sus dos memorables sitios arrostrar los mayores peligros, animar á sus defensores, comunicarles el horror á la esclavitud , ensalzar llena de fuego patrio el mérito y la gloria de los que inmolaban su vida en las aras de la patria; trabajar impávida en las trincheras; empuñar y manejar con sus delicadas manos los terribles instrumentos de la muerte, y en fin, hacer de dia y de noche alar de de su valor sobre los muros y baluartes. Hasta los mismos sitiadores, asombrados del heroismo de tan ilustre matrona, no pudieron prescindir de engrandecerla, tributando merecidos elogios á sus acciones y á su memoria, siendo uno de los autores franceses que hace honrosa mencion de nuestra heroina el general Roguiat, gefe de ingenieros de los dos sitios, en la curiosa obra histórico-militar que escribió y publicó de los mismos. El autor estrangero que mas estusiastamente habla de la Bureta, es Ricardo Wanghan, en la obra que publicó á fines de 1808 en Lóndres sobre la guerra de la independencia española, en la que describió los hechos mas heróicos de la defensa de Zaragoza en su primer sitio. El producto íntegro de esta obra, la dedicó Wanghan á las familas que mas padecieron en los dos sitios, y para que fueran distribuidos con mas justicia, mandó á la Bureta quinientos pesos fuertes con la carta que insertamos al fin (III), en la que se conoce el entusiasmo que su nombre glorioso debió de producir en la libre Inglaterra.

A pesar del heroismo de la Bureta y de no poder menos de mencionarla cuantos en las historias españolas han descrito la guerra de la independencia española, entre ellos los autores del Diccionario histórico y biográfico de Barcelona, ningun escritor hasta el dia nos ha dado la biografia de tan heróica como ilustre matrona, honor que nos envanece, si bien sentimos que no nos ayude el talento cuanto desea la voluntad, para presentarla al mundo tan grande como fué pintando sus hechos y virtudes con sus verdaderos colores; pero nos consuela la idea de que dado por nosotros el primer paso y enseñado el camino, no faltarán escritores tan entendidos como amantes de las glorias nacionales, que nos degen una biografia de la Bureta, digna de su ilustre nombre y que se inmortalicen con ella en su obra.

Vitam mihi mors renovavit.

NOTAS.

(I.)

El referido conde casó en 1818 con la señora doña Maria Ignacia de Suelves, hija de los señores marqueses de Tamarit de Tortosa, de cuyo matrimonio nacieron los hijos siguientes: doña Maria del Pilar, don Manuel Maria José Lopez y Suelves confirmado en el condado de Bureta por real resolucion de enero de este año, doña Ignacia, doña Dolores, don Francisco y doña Magdalena. La espresada señora condesa viuda vive en Zaragoza con el conde su hijo y demas hermanos de este, en la misma casa propia que ocupó en la calle Nueva la heróica condesa de la Bureta, casa que escudada con la imágen de Nuestra Señora del Pilar que se vé en su fachada dentro de una sencilla ornacina, es mirada con veneracion y respecto por los patriotas zaragozanos que al pasar por ella recuerdan siempre á la heróica doña Maria, y refieren á sus hijos y á los forasteros su heroismo y sus virtudes. El escudo de armas de los condes de Bureta son cinco lises de oro en campo rojo y sobre él corona de conde.

Quis nos impune lacesset unitas?

(II.)

Hallándose don José Cortines y Espinosa en Alcalá de Henares de teniente del cuerpo de ingenieros y en el destino de profesor de aquella academia especial, y con motivo de las ocurrencias del 2 de mayo de 1808 en Madrid, se fugó del colegio á principios de junio siguiente y se incorporó en el ejército que se formaba en Aragon en defensa de la patria. Se halló en la accion de Epila el 22 del mismo mes, en la cual, que empezó al anochecer, reunió un fuerte destacamento de soldados de guardias españolas y de otros cuerpos en medio de la dispersion que ocurrió aquella noche, y reforzó al regimiento de Fernando VII acabado de formar que sostenia el ataque, consiguiendo rechazar al enemigo á larga distancia de dicho pueblo. Renovada la accion el 23 por la mañana, se presentó voluntariamente á atacar una altura inmediata, lo que ejecutó con bizarría hasta que se resolvió por el gefe de aquellas fuerzas la retirada por la falta de municiones.

Estando ya sitiada Zaragoza entró, en los momentos en que estaba atacándola el enemigo (á viva fuerza) y acompañó al general en gefe (duque de Zaragoza) en los puntos de mayor riesgo, y durante el primer sitio estuvo siempre destinado desde el 25 de junio del mismo año como comandante de ingenieros en la puerta del Sol, arrabal, convento y puerta del Cármen, convento de la Encarnacion, el de la Trinidad, convalecientes y sus inmediaciones, contribuyendo en mucha parte por su celo é inteligencia á la defensa de la ciudad: concurrió á los ataques que dió el enemigo en las partes en que estuvo destinado, construyendo las obras de defensa de dia y de noche y reparando las destruidas bajo el fuego del enemigo. Se halló en el ataque que sufrió el puesto avanzado de la casa frente á la puerta del Cármen cerca del convento de Capuchinos, y en las dos salidas que se hicieron por aquella puerta para destruir dicho convento de que estaba apoderado el enemigo, y la espresada casa intermedia cuyo segundo objeto se consiguió. Habiendo penetrado el enemigo en la ciudad el 4 de agosto al que al fin se echó el 14, se le debió en gran parte la conservacion de convalecientes (y que no adelantase por allí el sitiador), señaladamente el 10 del mismo mes, en que despreciando el vivísimo fuego de fusil y cañon (á menos de 50 pasos) que por dos ocasiones derribó el parapeto de la cortadura (1), la puso en estado de

(1) Esta cortadura se hizo en los momentos que los franceses atacaban y penetraban la ciudad. Habia pocos hombres para cavar y echar la tierra en el parapeto por ocuparse los mas en hacer fuego, y las mugeres cargaban las espuertas y se las daban para echar la tierra y levantar el parapeto

defensa y suplió la falta de artilleros, que siendo cinco fueron tres muertos y dos heridos, por cuyos servicios durante este primer sitio mereció los dos escudos de defensor de Zaragoza y el de distincion en premio del valor y patriotismo.

En el intermedio de este primer sitio al segundo se empleó en la reparacion del puente sobre el Gallego y en las obras de fortificacion de Torrero; en cuyo ataque (al empezar el segundo sitio) se halló el 21 y 22 de diciembre del mismo año de 1808.

Durante el segundo sitio estuvo destinado en el punto de la misericordia, y en la parte del recinto y manzanas de casas contiguas, entre el molino del aceite y Puerta Quemada, entre esta y san Miguel; jardin botánico y huerta de santa Engracia, trabajando incesantemente en aumentar y mejorar las obras y reparar las que el enemigo batia en brecha. Concurrió á rechazar el ataque y asalto del molino del aceite y sucesivos en las manzanas de casas espresadas y en la guerra que se hizo en ellas, desde que penetró el enemigo en la ciudad por aquella parte y cuyas defensas dirigió y disponia.

Se halló igualmente en uno de los ataques del reducto del Pilar, y en la salida para desalojar al

---

supliendo á los peones. Dice el señor Cortines que perdió con harto sentimiento suyo la lista de los nombres de estas heróicas mugeres que formó con lapiz en aquellos apurados momentos.

enemigo de las paredes de la huerta de santa Engracia de que se habia apoderado.

Por el mérito que contrajo en el primer sitio ascendió á capitan, y rendida la plaza y en virtud de la capitulacion, fué conducido á Francia prisionero de guerra. La sincera y antigua amistad que profesamos á este anciano general, nos ha impelido á presentar sus importantes servicios en esta nota, á fin de que se le reconozca como uno de los héroes de aquellos gloriosos sitios, y de los admiradores y entusiastas compañeros de la heróica condesa de Bureta.

Vis unita fortior. Dulce et decorum est pro patria mori.

(III.)

Carta de Mr. Cárlos Ricardo Wanghan, secretario de la embajada británica en Madrid, á la señora condesa de Bureta.

Muy señora mia y de mi mayor aprecio: A mi regreso á Inglaterra desde España en el año de 1808, publiqué los hechos mas notables de la heróica defensa de la inmortal Zaragoza que pude reunir, ofreciendo su producto á beneficio de las familias que hubiesen padecido mas de resultas de aquella gloriosa defensa. Los sucesos de la última campaña, habiendo obligado al enemigo á abandonar dicha capital, y sabiendo que vd. habrá determinado regresar á ella, me aprovecho de tan preciosa ocasion para interesarla á coadyuvar á mis buenos deseos, tomándose la molestia de repartir entre los desgraciados que hayan padecido durante los dos sitios, los quinientos pesos fuertes que acompaño, no dudando un solo momento que este corto socorro recibirá un nuevo valor, si consigo que se distribuya por una persona que en medio de los mayores peligros ha dado á sus paisanos un ejemplo nada equívoco del mas distinguido valor y del patriotismo mas decidido. Permítame vd. que me apresure á asegurarla de la alta consideracion y debido aprecio con que tengo la honra de repetirme sinceramente su mas respetuoso admirador, y su atento servidor que besa su mano.—Ricardo Wanghan.—Cádiz hoy 14 de septiembre de 1813.—A la señora condesa de Bureta.

Hoc pretium virtutis habe.

DON AGUSTIN DE AZARA

Y PERERA DE MATA Y RIVAS.

Tercer marqués de Nibbiano, señor de Lizana y de Guadarespe y vecino privilegiado de la ciudad de Fraga, etc.

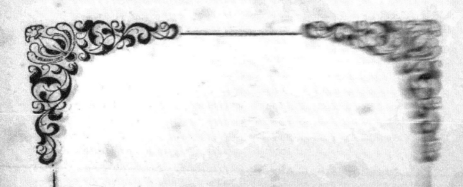

DON AGUSTIN DE AZARA

Y PERERA DE [illegible]

Tercer marqués de [illegible]
de Lizana y de [illegible]
no privilegiado de la [illegible]
Fraga, etc.

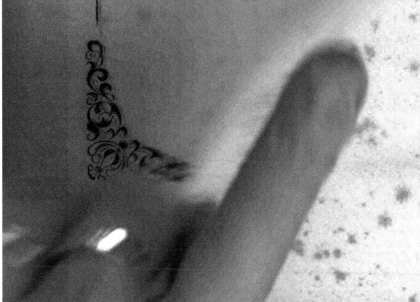

DON AGUSTIN DE AZARA

Y PERERA DE MATA Y RIVAS.

Tercer marqués de Nibbiano, señor de Lizana y de Guadarespe y vecino privilegiado de la ciudad de Fraga, etc.

Ut que tui faciunt sidus juveniles nepotes,
Per-tua perque sui facta parentis eant.
(*Ovidio, de Trist. lib. 2, el. 1.*)

DON AGUSTIN DE AZARA

MARQUES DE NIBBIANO.

Heredó la virtud con sus blasones, honró á sus mayores, acrecentó su patriotismo, supo conquistarse el aprecio de sus conciudadanos y de su reina, y legará á sus hijos la virtud y un nombre glorioso é ilustre.

Si el pertenecer á una familia de noble y antigua alcurnia, satisface mucho la vanidad del hombre en general, lo que le engrandece verdaderamente es el contar entre sus antepasados nombres venerados por su pais á causa de los beneficios prestados, y de servicios importantes hechos á la humanidad, porque en este caso la gloria que le legaron, le presenta á la sociedad como reflejo de los astros luminosos, á quien se recuerda con veneracion y á quien se mira con respeto. Los hombres grandes por sus virtudes, se levantan á sí mismos un altar del que son ellos los ídolos, y al recibir en él las adoraciones de sus semejantes en las venideras generaciones, dan á su afortunada familia tan elevada categoría, que no necesitan otro honor para ser considerados como augustos restos de una deidad á los que es preciso apreciar. Aquellos por cuyos heróicos hechos se engrandeció el caracter nacional, adquiriendo nuevas glorias que apuntar en las páginas de oro de su historia, pasan en herencia á su posteridad, el entusiasmo patriótico y la gratitud con que les recuerda su nacion de la que son ilustres héroes, y de edad en edad la progenie del semidios, recobra multitud de laureles luminosos con que orlar sus blasones, que vienen á ser los mas esclarecidos de su pais. Y por último, cuando el hombre grande por su virtud, lo es tambien por hechos heróicos y por las demas cualidades que constituyen al hombre perfecto, el blason se establece sobre tan seguros y sólidos cimientos, que hasta el fin de los siglos campea pintado en el templo de la inmortalidad, y esculpido su glorioso nombre en las eternas láminas del tiempo, que las salva en su corazon del furor de sus destructoras manos.

Grato y satisfactorio es tener un hombre ilustre entre sus ascendientes, pero cuando se cuentan estos por series como sucede en la familia de los Azaras, cuando todas las nobles carreras están adornadas con el ilustre apellido y cuando han ido creciendo los blasones en virtudes progresivamente, la satisfaccion del que por su buena suerte los heredó y reunió todos en su persona, debe ser y es el colmo de la fortuna terrestre Si en caso semejante se reunen las buenas prendas del heredero á las grandezas heredadas, los blasones adquieren nuevo lustre y esplendor, y á la claridad de tanta fuerza de luz, se entrevee en el horizonte la aurora de una era que ha de producir nuevos soles, si la desgracia, que suele de cuando en cuando cortar las felicidades mundanas, no viene á interrumpir su nacimiento con los espesos nubarrones del vicio y de las pasiones, en cuyo desventurado accidente la oscuridad de las tinieblas sucede por algun tiempo á la claridad del dia. En todos casos aun entre los borrascosos celages, las glorias del sol despiden destellos luminosos que encendiéndose con doble fuerza cuanta mas resistencia se opone á su abrasadora llama, acaban por reducir á vapores las nubes que le ofuscan y oscurecen hasta que logra la victoria, en la que se presenta el sol en toda su magestad y hermosura á anudar los rotos lazos, y siguiendo la interrumpida carrera, vuelve á ser el ídolo de la humanidad y el encanto del mundo.

Enclavado este cuadro en la ilustrísima familia de los Azaras, hallaremos en él las nobles figuras de que le hemos compuesto, y al señor don Agustin, actual marqués de Nibbiano, representado en primer término, recogiendo la herencia de virtudes que le legaron todos sus gloriosos ascendientes, aumentando con las suyas sus luminosos blasones, que rogamos á Dios no oscurezcan nunca con el pestífero miasma de las pasiones y con el tormentoso volcan del vicio, los que tengan la dicha de sucederle.

El señor DON AGUSTIN DE AZARA PERERA MATA Y RIVAS, nació tambien en Barbuñales, en ese pueblecillo de Aragon que cuenta tantos Azaras ilustres como casas; y que si pequeño en consideracion topográfica, es grande en gloria por haber sido la patria de los luminares de esta esclarecida familia y de los ilustres aragoneses los obispos Laborda y Foncillas, y de los eclesiásticos Lovera, Cortillas y otros.

El dia 28 de agosto de 1801, fué el del nacimiento del nuevo Azara cuyos padres don Francisco Antonio y doña Leandra Mata, vieron renovarse en él la esperanza de que se prolongase su ilustre apellido, pues que fué el único varon que tuvieron despues de haber engrandecido al bello sexo con siete preciosas hijas que les dió el cielo. Escusado será probar despues de tales premisas, el que tan buenos padres habian de esmerarse en la educacion de su único hijo varon, máxime cuando habia de llevar adelante el buen nombre que supieron elevar sus ascendientes. Empero como á los deseos de los padres suele oponerse la mano de hierro del destino contra la que no hay esfuerzo humano que baste, no pudo don Francisco llevar á cabo los suyos de que su querido hijo adquiriese su educacion é instruccion en el Real Seminario de nobles establecido en aquella época en Madrid, por haber venido á estorbarlo la guerra de la independencia que estalló en 1808. Esta gloriosa y prolongada guerra impidió que nuestro don Agustin estudiase los primeros rudimentos con descanso y sujeto á un método uniforme, porque teniendo su familia que variar á cada paso de domicilio, no en todas partes habia maestros capaces de dirigir su enseñanza, de suerte que esta tuvo que interrumpirse varias veces y por largas temporadas.

Cuando la paz estendió su benéfico arco por la heróica Iberia y las águilas destrozadas por nuestros bravos leones, huyeron ensangrentadas á esconder su vergüenza y derrota al opuesto lado del Pirenne, proclamando en su lastimero graznido las glorias de España para quien fué risible su soberbia y arrogancia é incapaces sus destructoras garras, particularmente desde que cambiaron de dueño trocando la libertad de la Francia por el imperio de Bonaparte, don Agustin pudo dedicarse con calma á perfeccionar su instruccion, y hubiera llegado á hacerse tan célebre como sus ilustres tios en las buenas letras y en las ciencias, si la mano de Dios no hubiera escrito su destino, sentencia que no puede contrariar el hombre á su capricho impunemente.

La senectud que es el frio invierno de la vida, habia atajado á sus queridos padres en su carrera, y como en este caso buscan los hombres hacer mas pasadera su débil existencia abrigándose en el fuego de sus renuevos, en cuyos hombros ha consignado el destino el benéfico báculo en que se han de apoyar en el camino del sepulcro, don Francisco sintiendo helados sus miembros, perdidas sus fuerzas para el trabajo y no lejana la huesa del eterno descanso, no podia conformarse à quedar desamparado de su querido bàculo al fin de sus dias, y como entre la tristeza que preveia en su ausencia y su deseo de que su hijo alcanzase los preliminares de una carrera brillante que le pusiese á la altura en que se hallaban sus hermanos, se imterpusiesen las cariñosas lágrimas de una madre cuyo tierno y dulce caracter se opone siempre á separar á sus hijos de su lado, decidió por fin que abandonando don Agustin sus estudios viniese á sostener su vejez.

Quiso don Francisco que antes de su muerte estuviese su hijo enterado de todos los intereses y asuntos de la casa á fin de que pudiera sostenerla y acrecentarla para que viviese siempre en ella el buen nombre de los preciosos vástagos que habia producido. Por esta razon sustituyeron en el estudio de don Agustin á los volúmenes del derecho y de la teologia, los libros de Columela y de otros sábios agrónomos y economistas, y á la sombra de las aulas se sucedió la claridad de los campos que recorria para conocer su calidad y aprender las especies que germinaban en ellos y las épocas de su cultivo.

Su padre le llevó á conocer prácticamente todas sus haciendas, y cuando su tio don Felix retirado al seno de su familia, fué, por entretenerse en cosas útiles, levantando los planos de las posesiones que formaban el patrimonio de esta, le acompañó en tan curiosas como instructivas operaciones, adquiriendo bajo tan sábio maestro un rico caudal de conocimientos que le han sido asaz útiles para la buena direccion de la casa.

Si la vida del campo y la instruccion amena de un buen agrónomo tenia contento á don Agustin en el pueblecillo de Barbuñales en donde era apreciado de todos sus paisanos, no dejaba por eso de procurar adquirir otros conocimientos que le pusiesen en estado de saber dirigir despues la educacion de sus hijos, y por lo tanto la lectura fué en él una pasion favorita á que supo dar pávulo su tio don Felix poniéndole en la mano buenos libros y evitando que bebiese en fuentes pestilentas y dañosas á la buena moral. Su hábil y amable Mentor procuró instruirle trasmitiéndole todos sus conocimientos, y asi es que don Agustin no puede presentar un largo espediente de certificaciones que si bien prueban la asistencia á muchas cátedras, no siempre acreditan de suficiencia y saber al que las posee á su nombre, puede sí gloriarse de estar suficientemente instruido en las bellas letras y en las ciencias, y de haber cultivado su talento para representar con dignidad su elevada categoría.

Como las buenas máximas de moral cristiana se avinieron perfectamente á su bello caracter desde niño, y tuvo tan celosos como entendidos profesores en su infancia, educó en ellas su corazon y engrandeciendo su alma sensible y generosa, la hombría de bien, su honradez, virtud y amabilidad, es proverbial en todo Aragon que le aprecia y respeta.

En febrero de 1817 pasó por Zaragoza su primo don Eusebio Bardagí y Azara el cual iba de embajador á Turin, y encantado del buen caracter de don Agustin y conocedor de su buen talento, formó un singular empeño en llevársele consigo para darle la carrera diplomática y con el intento de que pasase tambien á Roma á conocer á su hermano el cardenal Bardagí. Lisongera era á la verdad la perspectiva que se presentó á Azara en esta ocasion, é incentiva por demas para un jóven entusiasta de la gloria que columbraba si se decidia á admitir tan alhagüeñas proposiciones, pero el amor filial tenia tan profundas raices en su sensible y amante corazon, que aunque con sentimiento renunció á los lauros, porque no pudiera cogerlos entonces sin verlos regados con las lágrimas de sus caros padres y tal vez cubiertos en su nacimiento por el lúgubre crespon de la muerte que podria adelantarse hácia ellos ayudados de la pena y sentimiento de su partida. Despojado de todas sus ilusiones de gloria se propuso no abandonar á sus caducos padres mientras viviesen y estuvo siempre en su compañía, si esceptuamos una corta temporada que en la primavera de 1818 pasó en Barcelona con su virtuoso primo don Pablo Sichar obispo de aquella diócesis.

Si la muerte de cualquiera de nuestros semejante enseñándonos la nada de que somos formados, y el fin de nuestros goces, de nuestra soberbia y de nuestras penas y trabajos nos constrista siempre, la de un padre llena nuestro corazon de amargura y lacera nuestra alma con un dolor profundo y duradero que la naturaleza hace demasiado sensible y que solo puede curar el tiempo regulador, asi de nuestros goces como de nuestros padecimientos. El fallecimiento del padre de don Agustin llenó de luto su sensible corazon, pues aunque convencido de que la ley de la naturaleza es que al nacimiento se ha de seguir indispensablemente la muerte, y de que todos tenemos fijamente un término en este mundo del que no hemos de pasar, no hay filosofia que baste á calmar lo que sufre el corazon en tan fatal caso, ni razones suficientes que ahoguen el sentimiento que produce acontecimiento tan repentino por mas que se aguarde y nos prevengamos á recibirle con resignacion. Diez y ocho años contaba solo don Agustin cuando abandonó el mundo su señor padre para ir á recoger en la eternidad el premio de sus virtudes, y á pesar de tan corta edad, como aquel le habia impuesto cuidadosamente en todos los asuntos de la casa se encargó en su direccion, si bien bajo el consejo de su querida madre á la que quedaba una buena dotacion de viudedad sobre sus bienes, y del cuidado de su sábio tio don Felix que siguió viviendo en su compañía.

Heredó don Agustin de su señor padre el marquesado de Nibbiano, el señorío de Linaza, el honroso derecho de vecino de Fraga y todos sus bienes vinculados y los libres que le correspondieron, y no tardó en aumentar su patrimonio con los bienes de su ilustre tio don Felix, que falleciendo el 20 de octubre del año siguiente de 1821 le dejó por su heredero universal. El 22 de febrero de 1822 le hizo su señora madre entera donacion de todos los bienes que poseia, y desde aquella época tuvo esclusivamente á su cargo el cuidado y direccion de los asuntos é intereses de la casa, si bien como buen hijo jamás emprendió cosa de gravedad que no consultase con la cariñosa autora de sus dias, lo que verificó siempre hasta el fallecimiento de esta ocurrido en la ciudad de Huesca el 2 de octubre de 1843.

Engrandeció don Agustin su patrimonio con la adquisicion del nuevo título de *Señor de Guadarespe*, cuyas posesiones en la ciudad de Huesca compusieron en otro tiempo el término y poblacion de esto nombre y de un famoso castillo.

Doña Maria de los Dolores Lopez Fernandez de Heredia, marquesa de Nibbiano.

El matrimonio es una necesidad lisongera, cuando le precede el amor con sus seductores atractivos, y un bien que enriquece á la sociedad, por cuanto la proporciona nuevos seres que conserven su existencia por medio de honrosos medios, y por el que se renueven las galas que destruye el tiempo con su fiera segur, hambriento de esterminio y deseoso de concluir con la especie humana. Si no han faltado apasionados del perjudicialísimo celibato é impugnadores del matrimonio, nosotros les abandonamos como dementes y maniáticos que adquirieron esta opinion mas en venganza de fallidos deseos y de merecidos desprecios del bello sexo que supo castigar su audacia ó fria alma, que convencidos de su utilidad, y firmemente persuadidos de que no hay estado mas feliz para el hombre en la vida que el del matrimonio cuando, por dicha suya, ha logrado una compañera, fiel, amante y virtuosa, estamos por él y nos constituimos gustosos defensores de Himeneo. Sin los dulces lazos del matrimonio ajustados por la religion, ¿qué seria de la sociedad? ó terminaria esta de una miserable consuncion, ó viviria en la mas espantosas anarquia, sin freno, sin creencias y sin moral alguna. A este benéfico estado se debe en su mayor parte la grandeza y prosperidad de las naciones, su principal cultura y aquellos bienes duraderos que constituyen su felicidad y bienestar. La dicha de las familias estriba en el matrimonio, y algunos pocos ó muchos ejemplos que nos pudieran presentar los célibes de matrimonios, que lejos de hacer la felicidad han traido en pos de sí la desgracia, es un grano de arena en el mar en comparacion de sus inmensos beneficios. Persuadido de esta doctrina don Agustin, amaestrado en la virtud conyugal por su virtuosa madre, modelo de esposas fieles y de cariñosas matronas de familia, y apasionadamente enamorado de las gracias y virtudes de la bella señorita doña Maria de los Dolores Lopez Fernandez de Heredia Marin, hija de don Crisóstomo, conde de Bureta y de doña Maria Consolacion Azlor y Villavicencio, heroina célebre que se distinguió estraordinariamente en los inmemorables sitios de la invencible Zaragoza de 1808 á 1810, contra las aguerridas tropas de Napoleon, se determinó á abrazar el estado del matrimonio, engastando en sus esclarecidos blasones los novilísimos de su esposa, y enriqueciendo á su familia con joya tan estimable y preciosa.

Determinado y dispuesto todo á gusto de ambas familias, partió don Agustin de Huesca á la villa de Fonz, en donde se hallaba su amada en compañía de su señor padre político el baron de Valdeolivos, y como se hallase á la sazon en Estada, pueblo de su naturaleza, su primo don Pablo Sichar, obispo de Barcelona, fué llamado para que le uniese á doña Maria, y asi lo hizo en 9 de noviembre de 1822, dia en que se verificó aquel feliz enlace.

Condujo consigo don Agustin á su esposa, y no tardó en ser el consuelo de los pobres de Huesca por su magnificencia y el encanto de la familia de Azara por sus virtudes y amabilidad.

Proponiéndose don Agustin acrecentar y mejorar los intereses de la casa, reunió sus haciendas deshaciéndose de todas las sueltas y lejanas, cosa que logró á fuerza de tiempo y de constancia ya por permuta ya por compra y venta de aquellas, dándole esto por resultado el reunir una hacienda saneada, el aumentarla y poder dejar á sus descendientes una fortuna regular con la que mantener su categoria y la de su ilustre familia con decoro y dignidad.

La buena reputacion de que justamente disfruta don Agustin entre sus compatriotas, no podia menos de proporcionarle honrosas distinciones desde luego, y asi es que creyéndole á propósito para administrar los intereses públicos, le nombraron regidor del ayuntamiento de Huesca el año de 1826, destino patriótico que sirvió tambien en 1830. Su proverbial humanidad y los muchos servicios que prestaba á los pobres enfermos y á los necesitados que imploraban su compasion, movió á los huescanos á nombrarle en 11 de agosto de 1833 individuo de la junta de Caridad, y en marzo del siguiente, vocal de la superior de la provincia.

En esta época la real y distinguida órden de Cárlos III le contaba ya en su seno desde 22 de noviembre de 1829 en que le agració el rey; y mas particularmente desde julio de 1830 en que fué armado caballero en la villa de Fonz por el padre político de su esposa el baron de Valdeolivos, facultado al efecto competentemente. Su ilustre nombre forma una respetable caorte en la distinguida órden por el número de individuos que han servido en esta con lealtad, y en ella representa don Agustin el mérito y nobleza de todos sus gloriosos antepasados.

Hombre tan amigo de sus semejantes y caballero tan benéfico y protector de la humanidad, no podia dejar de figurar en primera línea en las sociedades protectoras de la agricultura y de la industria, y así es que, al establecerse en Huesca la sociedad económica de Amigos del País en 24 de mayo de 1834, se contó con él de los primeros, y á su instalacion en 8 de julio del mismo año se le nombró tesorero de la misma. La junta provincial de sanidad le eligió tambien por su vocal en 27 del mismo mes y año, y ambos encargos los desempeñó con acierto y á satisfaccion de todos.

Desde agosto de 1834 en que se manifestó el cólera morbo en Zaragoza hasta el abril del año siguiente, vivió en la villa de Fonz en la casa de su hermana la baronesa de Valdeolivos, y tan pronto como regresó á Huesca fué nombrado vocal de la junta directiva de las casas de beneficencia y espósitos y tesorero de la misma; pero como creciese el número de los defensores del pretendiente Cárlos V que mantenian la guerra civil contra los que habian abrazado la legitimidad al trono de Isabel II hija de Fernando VII, y no presentase Huesca gran seguridad por ser un pueblo abierto y de mala defensa, se trasladó á Jaca con toda su familia en agosto de 1835. En esta fortificada ciudad tuvo don Agustin el placer de encontrar á su antiguo y buen amigo don Manuel Gomez de Rivas obispo de aquella ciudad, en la que disfrutándose de seguridad y tranquilidad se detuvieron hasta el fin de la guerra.

La felicidad conyugal se acrecienta cuando la providencia concurre con su poder á aumentar las ramas en el tronco familiar fecundándolas con bellas flores, y en esta parte no fué don Agustin menos feliz que su padre, pues que su bella compañera no solo no tardó en hacerle disfrutar de las delicias del amor paternal, si que le fué aumentando estos goces en renuevos que aumentaron su amor y satisfacciones. El amor que se tiene á los hijos y el deseo de darles una brillante educacion y colocacion ventajosa, es la pesadilla de todo buen padre que sacrifica sus gustos y cuanto puede agradarle á este fin. Don Agustin que deseaba que sus hijos recibiesen una instruccion adecuada á su clase, y que por otra parte no queria separarlos de su lado, conoció desde luego que en las circunstancias de la época no podria lograr ambas cosas en las pequeñas ciudades de Jaca ó de Huesca, y por lo tanto en octubre de 1840 se avecindó en Zaragoza donde tenia casa é intereses que despues ha aumentado escogiendo dicha poblacion como la mas conveniente á sus intentos.

Como su ilustre nombre era conocido en Zaragoza y al de su virtuosa esposa estaba unido el de la heroina, su señora madre de quien tan gratos recuerdos tenian aquellos habitantes, fué recibido con satisfaccion de todos en la inmortal ciudad, no tardando sus compatriotas en darle pruebas de la particular estimacion que le tenian, siendo los primeros los de la parroquia de santa Cruz que le nombró su luminero en marzo de 1841.

Las corporaciones literarias y artísticas de Zaragoza se hicieron un deber en ofrecerle sus honrosos diplomas, y asi es que le obtuvo en 10 de abril de 1841 del Liceo artístico y literario, cuya sociedad le nombró su director en 1.° de enero de 1842. La Real sociedad aragonesa de Amigos del Pais le dió título de socio residente en 18 de junio del 1841, de tesorero en 9 de diciembre de 1842 y de vice-director en 3 de noviembre de 1845 desde cuyo dia se halla al frente de la sociedad. La Real academia de nobles artes de san Luis le hizo su académico de honor en 11 de marzo de 1842, elevándole á vice-consiliario de la misma en 8 de febrero del año siguiente, categoría que disfruta en el dia. La sociedad aragonesa en 13 de enero de 1843 le hizo vocal de su junta de Caridad, la que le eligió en seguida su contador, destino que sirve con celo; y por último la asociacion de propietarios de España en 9 de abril de dicho año 1843, le proclamó su consiliario de la comision directiva de la provincia de Zaragoza.

La memoria de un buen padre dura tanto como la vida, y su recuerdo alegra por lo que le debemos, por el cariño que le tuvimos y de que nos colmó y por sus beneficios y entristece por vernos privados de aquel desinteresado y fiel amigo que nos amó de corazon y que si posible fuera nos amaria aun desde el sepulcro. El obsequiar su memoria y honrar sus cenizas, es un deber filial grato á Dios y recomendable para la sociedad, pasando por ingrato y desnaturalizado con razon el que pudiendo hacerlo por el buen estado de su fortuna, se olvida de deber tan sagrado, y el que aun en la posicion mas desgraciada no recuerda el amor paterno con respeto y veneracion. Don Agustin que amó á su señor padre entrañablemente y que veneraba á su caduca madre hasta el punto de someterse al menor de sus caprichos, sin que ni él ni su virtuoso esposo la diesen jamás un motivo de disgusto como es público en Huesca, honró siempre la memoria de su padre, y deseando que ocupase su cadáver el lugar que le correspondia en el panteon de la familia, le hizo trasladar el 28 de setiembre desde Huesca á Barbuñales á cuyo fin habia ido con su familia á aquella ciudad en junio anterior. Su señora madre á pesar de sus muchos años, se habia mantenido tan fresca y fuerte que no dejó ni un dia de visitar por su pié y sin apoyo alguno la iglesia catedral, conservando tan sana su cabeza al propio tiempo que dirigia su casa con la mas bien entendida economía, y no se la ocultaba nada de cuanto podia convenir á los intereses de sus hijos. Empero como la muerte acude siempre á tiempo cuando se cumple el plazo de los mortales, segó su vida el 2 de octubre de este mismo año, como si la traslacion de los restos de su esposo la hubiesen llamado á su paso para que siguiese inmediatamente su camino á fin de que se uniesen en el sepulcro los que tal felicidad conyugal gozaran sobre la tierra la que habia de volverse á anudar en la eternidad ante la presencia de un Dios premiador de sus virtudes domésticas y públicas. Don Agustin unió estos esposos fieles en el sepulcro en noviembre de 1846 en que hizo trasladar al referido panteon los restos de su querida madre que llevó á él el 14 del mismo, venerándolos con el amor mas puro cuantos conocieron aquella virtuosa muger que es de creer se halle en el cielo recogiendo el fruto de sus virtudes:

Luego que don Agustin se halló en Zaragoza á continuar sus cargos patrióticos y sus servicios benéficos, sus conciudadanos le honraron haciéndole regidor segundo en las elecciones de 1844 y como el conde de Sobradiel saliese por haber sido nombrado senador del reino, quedó de regidor decano de aquel ayuntamiento, cargo que desempeñó con el celo debido hasta enero de 1846 en que se procedió por la ley á nuevas elecciones. La sociedad de seguros mútuos de incendios de casas de Zaragoza le nombró tambien su tesorero desde enero de 1845 hasta igual mes del año siguiente.

Cuando en julio de 1845 pasaron por Zaragoza, viniendo desde Barcelona, S. M. la reina doña Isabel II, su hermana la infanta doña Fernanda, hoy duquesa de Montpensier y su madre hoy duquesa de Riansares, pareció conducente á la sociedad de propietarios de Zaragoza el hacer unas esposiciones á S. M. muy interesantes sobre la agricultura y propiedad territorial, y don Agustin fué uno de los comisionados para la presentacion de aquel documento. La reina y su real familia honraron su casa en las noches del 26 y 27 del mismo mes con el objeto de ver desde sus balcones en la primera los fuegos artificiales con que la obsequió aquel ayuntamiento, y en la segunda la serenata con que la festejó la guarnicion.

Los cargos honoríficos se agolpan generalmente al hombre de bien, cuando conocidas sus virtudes por sus conciudadados, interviene en la eleccion la voluntad de los electores, y huye la intriga á vista de la severidad de sus principios y de la integridad de sus almas. Por esta razon, apreciadores los zaragozanos de las bellísimas prendas personales y escelentes cualidades de don Agustin, su nombre se les ponia por delante en primer término, siempre que habian necesidad de un hombre provo que administrase los bienes del comun ó de sus sociedades, y toda vez que buscaban un ser benéfico que hubiese de representar con celo los intereses de los pobres y promover el bien de la humanidad. Por esto le nombraron el 22 de enero de 1846, ademas de sus muchos cargos espresados, vocal de la comision de instruccion primaria de Zaragoza, en cuyo puesto se halla aun; el 2 de mayo del mismo año, individuo de la junta de conservacion del culto de cuarenta horas, y en enero de 1847, á propuesta del ayuntamiento hecha al intendente, repartidor de la contribucion territorial. Otros muchos cargos religiosos, benéficos y patrióticos podriamos citar, pero nos parece suficientes los espresados para probar el justo aprecio y grande reputacion de buen español de que don Agustin goza en su pais, riqueza mas duradera y noble que legar á sus descendientes que la que puede dejarles en su fortuna, puesto que aquella no podrá jamás disminuir el valor de su nombre, y esta puede disiparse fácilmente.

La Academia española de Arqueologia, de que nos honramos ser fundador y director desde su creacion como Sociedad numismática matritense en abril de 1837, quiso engalanar sus catálogos con el glorioso nombre de Azara, y recordando los beneficios que hizo á la ciencia de las antigüedades su sábio tio don José Nicolás de Azara en sus escavaciones de Tívoli, de Albano y otras partes, asi como lo que le debe la patria en este género por haber cedido su preciosa coleccion de bustos que consulta hoy el estudioso artista para perfeccionar sus obras en el real Museo de pinturas y escultura de Madrid: y como por otra parte estuviese enterada de los conocimientos que adornan al espresado don Agustin, y de su amor á las glorias del pais y aficion al estudio de las antigüedades, le nombró en 26 de enero del año pasado de 1847, académico de honor; y cuando en 1.° de junio del mismo año se reorganizó en Zaragoza, bajo nuestra presidencia, la diputacion de la misma Academia, fué nombrado *vice-presidente* de aquella, cuyo cargo se halla desempeñando.

Siendo la gratitud una de la virtudes que mas sobresalen en el buen corazon y escelente alma de don Agustin, deseaba que las circunstancias le proporcionasen la para él deseada ocasion favorable de manifestar al mundo entero, que si á sus queridos tios don José Nicolás y don Felix debe mucha parte de su fortuna, sabia corresponder á sus beneficios, honrando su memoria con dignidad y haciendo conocer mas y mas los gloriosos hechos que les inmortalizaron. A este fin nos comisionó ámpliamente hace algun tiempo, para que en vista de los documentos interesantísimos que nos mandó al efecto, y de los que pudiésemos hallar en las oficinas de la nacion y en las historias y obras en que se le cita, escribiésemos una estensa vida de don José Nicolás, célebre diplomàtico y distinguido literato, asi como tambien las biografias de sus sábios parientes. Y á fin de demostrarlo, mientras haciamos este trabajo que, aunque superior á nuestras fuerzas, hemos terminado con mejor voluntad y deseo que ciencia, reprodujo bajo nuestra direccion en 1847, la medalla que el pontífice Pio VI, el senado y el pueblo romano hicieron acuñar á su señor tio don José Nicolás para perpetuar la memoria del beneficio que hizo á Roma, librándola en 1796 de la invasion francesa y haciendo un armisticio con el inmortal general Napoleon Bonaparte.

Ya antes de esto habia recordado por medio de las artes á sus dos ilustres tios don José Nicolás y don Felix, haciendo reproducir sus retratos por medio del cincel y del buril, lo que hizo ejecutar en Barcelona á los conocidos é inteligentes artistas Amills y Bover, de los que el primero grabó en láminas los que van en sus respectivas biografías, y el otro esculpió en el mármol los dos preciosos bustos al natural que hoy posee la casa de Azara en Zaragoza. Jamás se olvidarán las artes de su ilustre protector don José Nicolás de Azara, ocupándose hoy todas en su memoria, impelidas y ocupadas por el actual marqués en la casa de Barbuñales y en la prensa.

A fin de que se completasen las interesantísimas obras sobre las producciones naturales del Paraguay y del Rio de la Plata, que dejó publicadas su tio el brigadier de marina y escelente naturalista don Felix de Azara, y de honrar su buena memoria, nos encargó publicar y hemos publicado en dos tomos en 4.° *La descripcion é historia del Paraguay y del Rio de la Plata* que dejó inédita aquel hábil escritor, cuya impresion se verificó en la oficina tipográfica del difunto don Narciso Sanchiz en Madrid, el año pasado de 1847. Y como á esta obra debieran acompañar los mapas del Paraguay y los de navegacion del rio Tibicuari, cuyos originales se perdieron en la guerra de la independencia, practica en el dia las mas oportunas diligencias en su busca, con el objeto de publicarlos si logra hallar tan preciosas obras.

En el mismo año y en la espresada oficina, imprimió y publicó en un tomo en 4.° las MEMORIAS *sobre el estado rural del Rio de la Plata en 1801; demarcacion de límites entre el Brasil y el Paraguay á últimos del siglo XVIII; é informes sobre varios particulares de la América meridional española*, escritos oportunos de su tio don Felix, que hemos tenido el honor de comentar como en la obra citada anteriormente, con nuestras notas y observaciones.

Don José Nicolás dejó escritas tres interesantísimas Memorias, en las que trata de cuanto sucedió en su época desde 1796 hasta 1799, en que fué separado de su primera embajada de París, las que publicó tambien en 1847 en la misma oficina de Sanchiz, en un tomo en 4.°, ilustrado con nuestras notas, en honor á su glorioso nombre en lo que ha hecho al propio tiempo un importante servicio á la historia nacional, por el que y por su generosidad y patriotismo ha merecido se le den las gracias en nombre de S. M. por repetidas reales órdenes en el año pasado y en el presente, y que todos los cuerpos científicos y literarios de España y muchos del estrangero, le hayan tributado su gratitud y manifestado la consideracion en que le tienen.

La dichosa fecundidad de su amable esposa doña Maria de los Dolores, hace concebir á don Agustin la prolongacion de su ilustre apellido, pues que se vé reproducido en ocho hijos, que forman hoy las delicias de este venturoso matrimonio. Sus hijos son: don Mariano, que siguió la carrera literaria en la que se graduó de licenciado, hallándose en el dia de agregado diplómático en la legacion de S. M. en Bruselas. Don Alberto, que se dedica igualmente á la carrera literaria, hallándose estudiando el cuarto año de leyes. Don Francisco, que estudia el quinto año de filosofía y está declarado aspirante aprobado para entrar en el colegio de marina. Don Lorenzo, que se instruye en la primera enseñanza, asi como su hermanito don Ignacio. Don Nicolas y don Luis, ambos son niños pequeños todavia. Ademas de estos hijos varones, cuenta don Agustin con su querida hija doña Luisa, que sigue en edad á los dos primeros y se mantiene soltera en su compañía, anunciando ya un dichoso porvenir á sus dichosos padres que, como todos los que tienen la dicha de conocerla, admiran en tan linda y graciosa aragonesa la belleza y la virtud: Virtutis formæque prævia.

La historia que sigue paso á paso al tiempo, apuntando en sus eternas hojas los hechos gloriosos de los hombres, las grandezas de las naciones y los nombres ilustres de las familias, deja en don Agustin (1) la narracion de las virtudes de los

(1) El retrato que damos del marqués al principio de su biografia, ha sido grabado al dulce por el artista Espinosa. El de la marquesa, del que hizo *don Narciso Lalama* en Zaragoza en 1818, época en que la espresada señora solo tenia 18 años.

Azaras, conservando levantada y mojada en indeleble tinta su magnífica pluma para seguir escribiendo merecidos elogios de este, y continuar en sus descendientes las glorias de su novilísima familia. Permita el cielo, para honor y felicidad de los Azaras y para bien de la España, que siga la historia su celosa tarea con esta ilustre familia sin tener que variar de volúmen, para apuntar en el que consigna las desgracias y los resultados del vicio nada bajo el ilustre apellido Azara, que si brillante y repetido en muchas hojas tersas y limpias del libro de oro de la inmortalidad y de la gloria, aun no se ha escrito en aquellas manchadas y miserables páginas. Asi lo deseamos y aun lo esperamos, porque el *porvenir de esta familia ilustre y virtuosa se presenta muy lisongero.*

RECORDATIO DELECTAT.

AMICO OPTIMO DICAT.

ÍNDICE.

FIN

Lightning Source UK Ltd.
Milton Keynes UK
UKHW030634190521
383988UK00007B/402

9 781274 876010